聪明的妈妈教方法

源自哈佛、斯坦福的思维教学模型

•适合 5—12 岁孩子•

一位华人妈妈
亲历的
美国小学
教育手记

杨瑜君◎著

古吴轩出版社

中国·苏州

图书在版编目（CIP）数据

聪明的妈妈教方法：一位华人妈妈亲历的美国小学教育
手记 ／ 杨瑜君著． —— 苏州：古吴轩出版社，2017.2
　ISBN 978-7-5546-0868-5

　Ⅰ.①聪…　Ⅱ.①杨…　Ⅲ.①儿童教育—家庭教育
Ⅳ.①G782

中国版本图书馆 CIP 数据核字 (2017) 第 011289 号

责任编辑：蒋丽华
见习编辑：薛　芳
策　　划：张　臣
封面设计：胡椒设计

书　　名：聪明的妈妈教方法：一位华人妈妈亲历的美国小学教育手记
著　　者：杨瑜君
出版发行：古吴轩出版社
　　　　地址：苏州市十梓街458号　　　　　邮编：215006
　　　　Http：//www.guwuxuancbs.com　E-mail：gwxcbs@126.com
　　　　电话：0512-65233679　　　　　　传真：0512-65220750
出 版 人：钱经纬
经　　销：新华书店
印　　刷：三河市兴达印务有限公司
开　　本：787×1092　1/16
印　　张：16
版　　次：2017年2月第1版　第1次印刷
书　　号：ISBN 978-7-5546-0868-5
定　　价：38.00元

如发现印装质量问题，影响阅读，请与印刷厂联系调换。0316-3515999

目录

Part 2　妈妈怎么做，孩子才能爱阅读、会阅读

Part 3　影响孩子一生的思维力，我们怎么教

Part 4　玩本身也是一种学习力，只看方法对不对

Part 5　沟通有方法，孩子自然情商高

Part 6　培养这些能力，让孩子成为世界公民

后记：教育的"快"与"慢"

前言：

儿子上小学前，我们写信给10年后的他

逃逃学前班毕业前夕，学校给家长布置了一个特别的作业：为孩子种下一个"时光胶囊"，待十年后再打开。这个"胶囊"里，除了一些有纪念意义的物品，还要有孩子自己，孩子的老师、爸爸和妈妈写给十年后孩子的信。

我觉得这是一件特别有意义的事。十年后，也许孩子都会走上一个我们不曾梦想的舞台，那时在身边陪伴他的不一定是爸爸妈妈，但在他心中陪伴他的一定有爸爸妈妈。

在这里，分享我和逃逃爸爸写给逃逃的两封信，逃逃自己和他老师写的两封，在学校就封起来了，等我们十年后再看吧！话说落笔之前我和先生并没有进行任何沟通，完稿之后发现太"默契"了——这两封信不管是风格还是内容，竟然完全"不同"！我是在唠叨拖沓、无比家常地回忆过去，逃逃爸爸则是在思考瞭望、无限缥缈地畅想未来。但相同的是，我们都很期待，十年后逃逃看这两封信时的感受。

寄信人：逃逃妈妈

收信人：10年后的逃逃

我最亲爱的逃逃：

此时夜深人静，妈妈正敲打着键盘和你玩穿越。落笔之前，我花了3分钟想象你16岁的样子：多高，多胖？是衣冠整洁、文质彬彬，还是满脸通红、一身臭汗？无论怎样，逃逃，我只想和你靠在一起，一起读这封信，就像10年前的现在每天晚上我们一起读书、讲故事那样。

逃逃，2013年你跟着爸爸妈妈来到美国，第一年你的变化很大，你有了自己难忘的快乐时光：参加学校的各种活动，在好朋友家sleepover（在朋友家过夜），有自己的birthday party（生日聚会）……妈妈把其中值得留念的物品都装进了这个"时间胶囊"，现在我们可以一起再次回味与分享。

10年前的今天，你就快从kindergarten（学前班）毕业了！还记得Mrs. Keller（凯伦老师）和班上的每一位小朋友吗？他们中有哪些还是你的好友？又有哪些已像花儿散落天涯？还记得那一年，你从几乎不懂英文到和老师、小朋友们对答如流，甚至开始纠正爸爸妈妈口语上的错误。这样的进步，除了环境、年龄上的优势，当然少不了我们每天最爱的阅读时光。爸爸妈妈陪着你从每页只有几个单词的绘本，读到Level 2（分级阅读第2级）的图书，从一开始我和爸爸为你读，到后来你为我们读，遇到不认识的单词，你常常会拿起我们的手机向Siri（苹果手机的语言控制应用功能）求助："Google xx Please！（请搜索xx！）"你那一本正经的样子让我忍不住想笑，同时我也惭愧于自己的发音。因为我问的话，Siri多半听不懂，而你的准确率在70%以上。我为你的每一点进步欣喜甚至骄傲。

记得吗？10年前的今天，你迷恋好几部动画片。一开始是 *Little Bear*(《天才宝贝熊》)，我陪你看了不少，语言很简单，每个小故事都温馨有爱，我也挺喜欢看的；后来是 *Curious George* (《好奇的乔治》)，这个妈妈真有点跟不上了，稍微不集中精神，就只有陪着你笑的份儿。毫无例外，你也像其他小朋友一样，被迪士尼的 *Frozen*(《冰雪奇缘》)彻彻底底地俘虏了，你一共看了7遍，里面的每一首歌你都会唱，最疯狂的一段时间，还要求我把歌词打印出来，你晚上睡觉、早上起床前，都要听一遍，唱一遍。那段时间，我甚至减少了你其他的常规活动来配合。是的，逃逃，这就是喜欢的感觉。而现在的你喜欢着什么，对什么东西着迷专注？原谅妈妈总是想了解你的所有。

记得吗？10年前，你第一次参加全美小学国际象棋竞标赛，三天的比赛，高手林立，很不巧第二天你还发烧了，但你依然坚持着下完。回家后，你在饭桌上开始总结经验，你的三大感悟我都记得很清楚：第一，要慢，不能走昏棋；第二，不能骄傲，有一盘早早就吃了对手的皇后，开始得意轻敌，结果输了；第三，(你一边吃着一包象棋形状的饼干一边说)要多吃这个饼干，明天就能下得更好！逃逃，不知道你现在还喜不喜欢下棋，但你总结出来的这些道理，对所有事情都适用：耐心，坚持，谋事在人，成事在天。能争取的我们尽最大的努力，不能控制的我们乐观去看待，妈妈希望你永远保持这种乐于思考与总结并充满正能量的姿态，做一个永不言败的男子汉！

记得吗？10年前，在一个夜黑风高的半夜，有个"不速之客"到我们家，把妈妈书房里所有值钱的电子产品一扫而光。我很郁闷，很沮丧，你偎依着我说："Mommy, you know what？ Actually, we don't need those stuff, we just want them. We can still survive without those things."（妈妈，你知道吗？事实上，我们并不需要那些东西，我们只是想要。没有它们，我们照样过得好好的。）

也许只是个巧合，因为我知道那段时间你正在学 "need"（需要）和 "want"（想要）的区别和用法。通过这句话，我知道你完全领悟了这两个单词的含义。妈妈必须要谢谢你，听了你的劝说，妈妈的确释然了很多，更惊讶于我的小宝贝居然有这样的心灵智慧。是的，有些东西，于我们而言，只是 nice-to-have（有就最好），而更重要的是我们都还安好地在一起，这便是最大的幸福！

记得吗？ 10 年前，你也有脆弱沮丧的时候。某一次钢琴表演的前两天，你觉得自己弹得不好，突然坐在地上哭了起来，你说："妈妈，我弹得好差啊，我不想弹琴了。"我搂着你聊了半个小时，让你相信，只要你认真练习了，即使表演那天弹得不好，我们也不会失望。然后我把上次你象棋比赛输了之后我写的那条微信朋友圈分享信息找出来给你看，我想让你知道，我们只要努力去赢，最后的结果并不是那么重要。现在 16 岁的你也有被难题困住的时候吧？妈妈希望你也像小时候一样，享受努力的过程，看轻最终的结果。有时候，输比赢更能让我们进步。

逃逃，虽然大家都说你长得和爸爸一模一样，外表没多少妈妈的影子，但只有妈妈最清楚，你身上有我所有的优点和缺点。你的聪明，你的机灵，你的倔，你的傲，你的好胜，你的没耐心，你强烈的自尊心……无一不能在妈妈身上找到对应之处。你就像一面镜子，让我把自己也看得清清楚楚。优点，我们暗喜偷乐；缺点，我们互相帮助，一起去克服改正。日历在一天天翻过，你在妈妈的快乐、忧虑、感慨、反思中一天天长大……一晃十年，看看今天的我们，会为对方点一个大大的赞吗？Let's see！（让我们看看！）

永远爱你的妈妈

寄信人：逃逃爸爸

收信人：10年后的逃逃

逃逃：

刚看了妈妈给你写的信，感觉妈妈是在用她的指尖敲出爸爸的心声。就像妈妈说的，你很棒！虽然你只有6岁，但已经有很多经历、很多收获，有自己的朋友、自己的兴趣、自己的想法，爸爸妈妈会从你身上看到我们的影子，但也能看到和我们不一样的属于你自己的东西。你早已开始了自己的人生，到现在为止，一切都很精彩！

打开胶囊的时候，你已经16岁了。想象一下，床上熟睡的那个小不点突然不见了，推门进来了一个和我一般高的少年。无论那个少年有多完美，爸爸都会非常失落的，一定去找上帝退货换回现在这个！这也许就是为什么上帝给了10年的缓冲去适应吧！

尽管很不情愿，你还是到了16岁。肯定知道很多了吧？知道你每年给圣诞老人写的信都珍藏在爸爸的箱子里；知道当年整个kindergarten（幼儿园）浩浩荡荡去找的Gingerbread Man（姜饼小人），不过是个美丽的道具；知道你曾经深信不疑的那些神奇，其实是爸爸妈妈悉心编织的童话，而你永远是其中的主角。还能记住多少小时候的事情呢？记不记得你曾最爱的Anna（安娜）和Olaf（雪宝奥拉夫）？记不记得那两周的海边假期？记不记得那艘和10个沃尔玛一样大的Carnival Magic（嘉年华魔力号游轮）？记不记得你的bunk bed（高低床），还有爸爸躺在下面给

v

你唱的 "No more monkey, Jumping on the bed（不要再像猴子一样在床上跳了）"？

　　嗯，16岁，肯定经历过挫折和失败吧？你的过去是不是一帆风顺呢？有没有看到，顺风更容易奔跑，逆风更适合飞翔？16岁，肯定想过未来吧，想明白自己想要什么了吗？有没有发现，了解了整个世界，有时候却不能了解自己，别人的建议都有道理，却听不到自己的心？16岁，是不是感觉到了，你和爸爸妈妈的人生原来如此不同，他们的过去当作故事讲给你听，他们的故乡，他们成长的地方，你很少会去。

　　16岁，会迷茫吧，有时被梦想压得无法呼吸，有时在无所事事中寻找自己。有没有看到，并不是每份付出都会有收获，不是每次努力都会被看到。16岁，有没有发现，拼搏的汗水，慵懒的午后，都会是同一个你？生活不只是为了明天，终点在远方，风景留在路边。

　　看来，16岁是个很累的年龄啊！还好在那之前我们还有10年。爸爸会让16岁的你知道，童年不是为了长大，而是留下梦想和快乐的种子，伴随你一生。父子并不遵守三纲，而是一种缘分，孩子是上天的馈赠。爸爸妈妈在的地方，就是家，在哪里，走了多远，都别忘了回家的路。

　　掐指一算，你爸爸那时已经四十有三，16年前在产房外第一次见到你，第一次将柔弱的生命捧在手上，他就告诉自己，无论如何都会全心全意地爱你——不求成就，甘守平凡。这是他最初的梦想，他会一直坚守下去。

永远爱你的爸爸

Part 1

当"拼妈季"遇上学龄期

开学第一周美国孩子都在忙什么

逃逃开学了，原本我还在揪心他刚从国内过完暑假回来，紧接着就开学会不适应。结果小家伙好像完全不受影响，第一天放学回来就叽叽喳喳地给我讲学校的新鲜事：

"妈妈你知道吗？我们今年有两个老师，语文和数学是不同的老师了。

"我每天上午在自己教室上课，下午还要到xx的班上去。

"今年突然来了很多新同学啊，校长说教室都快不够用了，要再修一些。

"噢，还有，我的午饭时间改成12点半了。"

之前我还只是一直配合着做感兴趣状，听到这句马上来精神了。

逃逃他们小学的午饭时间很有意思，学前班是11点开饭，之后每升一个年级就往后延半小时，不知道这么设置的根据是什么，可能是考虑到年龄越大耐饿能力就越强吧？当然也是因为学校食堂不够大。

我和逃逃打算一起做个一周早饭计划，对每天吃什么先达成共识，免得出现我忙乎半天他却毫无胃口，最后饿着肚子去学校的情况。我拿着笔摊开纸问他："来说吧，周一想吃什么？"逃逃愣了一下，说："噢，妈妈，咱们得先定个目标。比如最重要的是什么，是营养、好吃，还是管饱就行？然后选出一些符合这些目标的食物，我们再把食物搭配到每一天，这样就差不多了。"在旁边一边表示关心又一边漫不经心地玩着手机的逃爸，忍不住哈哈大笑："我看你还是让逃逃来写吧？"

不得不承认，在做计划这件事情上，逃逃比我想象的更加轻车熟路。这种能力还真是练出来的，因为美国小学对做计划这事真的很重视！**开学第一周，几乎全美国的孩子都在做同一件事：做计划。**

从学前班开始，我发现每年开学的时候，逃逃都会拿回来一些目标计划表，从老师发来的周报可以看到，他们开学的第一周大部分时间都在忙活这些计划。老师会跟孩子讲做计划的重要性，该怎么做计划。更有意思的是，他们还会给孩子分配plan partner（计划小伙伴）。每位孩子会和他的计划小伙伴一起商量怎么制订自己的计划。到了期中和期末，还会相互检查一下，计划都执行得怎么样。

逃逃一年级的老师曾经和我们家长沟通过，虽然花了不少时间来做计划，但未必每个孩子都能做出非常完美和能严格执行的计划；计划本身做得怎么样并不是特别重要，关键是让他们知道做计划的重要性，就像学校走廊贴着的一张海报上写的："If you fail to plan, you plan to fail.(如果你不好好做计划，那就是在计划着失败。)"

而逃逃在学前班就开始学着用SMART目标法做计划了。在教孩子怎么做计划方面，美国小学老师常用这种目标法，它本来是一种运用于企业管理的目标管理方法，每一个字母代表目标管理中的一项标准，合在一起组成的词组又有聪明、乖巧的意思，所以特别好记。

SPECIFIC　　MEASURABLE　　ATTAINABLE　　RELEVANT　　TIME-BOUND

而其中R——Relevant(相关性)，表示目标的制定不能够太孤立，要考虑和其他目标有关联。但这个概念对低龄的孩子来说比较难理解，所以很多老师直接把R改成Rewarding(有回报的)，就是按照计划执行达成目标后，给自己小小的奖励。这样孩子就感兴趣多了。

所以，孩子们的SMART目标解释可以是这样：

Specific：具体的目标，比如本周要学会三十个新单词。

Measurable：可衡量的目标，比如怎么证明自己达到目标了呢？

Attainable：可行的目标，比如一天读完一本几百页的书听起来就不太实际。

Rewarding：给自己的小奖励。

Time-bound：有时限的目标，比如一周内，或者一个月内要完成什么。

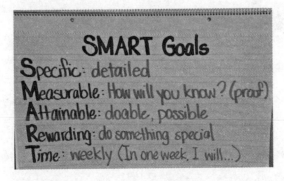

这些概念听起来还是很抽象，什么才算具体的目标呢？一开始学做计划的时候，老师会帮孩子们列举一些具体的目标，比如逃逃学前班老师给出的列表中连"不把脚放在桌子上"都有。

为了达成这些目标，孩子们会写计划。逃逃说老师跟他们讲过一个有意思的研究结果：一个写下来的计划完成的可能性，会比一个只想到但没写下来的计划大很多。当然，到了二三年级之后，SMART 目标的设定就没那么幼稚了，而且更多会涉及学习计划。

逃逃前几天告诉我，他们开始使用 planner（计划本）了。我看了他的这个计划本，最前面有关于怎么设定目标、做好计划的讲解，然后是每天的计划表。逃逃说他们每天早上会填写当大的计划，放学的时候检查一下是否都完成了。这架势倒是让我回想起当年在外企当"码农"时的工作，那时我们也是每天 Daily Standup Meeting（每日站会），也是每天检查完成了什么，接下来计划做什么。

在美国这边，到了中学孩子就开始"走读"，类似我们的大学，孩子需要每节课都去不同的教室上他选修的课程，并没有固定的教室和班主任的概念。在这种情况下，能独立做好并执行学习计划就非常重要了。原来，从学前班开始学习 SMART 目标计划方法，先是每学年初的计划，再逐渐变成每天计划，就是要养成孩子做计划的习惯，使他们能够独立地安排自己的学习和生活，为以后能更好地自我管理做准备。

我突然明白为何在做计划这事上似乎逃逃比我更老练了，人家一天到晚都在做，这我能比得过吗？想起我以前上学时也被老师要求做计划，学期计划、月计划、周计划……但怎么做似乎还得靠个人琢磨。而在这边老师会直接手把手教他们怎么做，还提供各种各样的计划模板、工具，日复一日、年复一年，做计划就变成不是一项任务，而是一个习惯了。一直认为美国和国内的基础教育是各有所长，国内孩子知识掌握得更扎实，美国这边感觉"正事"没做多少，老师更侧重于"授人以渔"，孩子们对类似的这些学习方法、套路懂得更多。

　　我个人认为两者都很重要，知识不够扎实，光有方法，会流于形式；光学具体知识，不琢磨方法，会走不远。据说国内已经有不少中学也在考虑试点类似美国这种"走读"方式了，各位家长可以帮孩子提前做下准备。即便不是，能早些养成自我管理的好习惯，不也挺好吗？

【逃逃说英语】之学校生活

去上学了：off to school

　　今天我们学的是上学怎么说，比如：I am off to school. 我要去上学了。

　　这里的"off to"比"be going to"要更口语化一些，而且这种说法强调"我得走了"，比如正在和小朋友玩，突然发现时间不够了，得去上学了，这时就可以说："I am off to school."意思是"我得走了"，没法跟你们玩了。再比如：Oh, I've got to go, I've got to go, I am off for my swimming class.意思是"噢，我得走了，我得去上游泳课了"。

扫码听逃逃怎么说

为什么美国家长特别重视家长会

美国小学的家长会有好几种形式。

第一种是学年初的全体家长大会，叫Curriculum Night（课程之夜）。

课程之夜主要是各科老师给家长们分享整学年的总体课程安排，从形式上看和我们国内的家长会很类似。不过美国家长对此特别积极，很多家庭都是爸爸妈妈一起来参加。

逃逃第一年上学时我觉得挺奇怪，本来每个年级会议室的座位就不多，家长还两个都来，这不是添堵吗？后来我明白了，美国小学里孩子每年都会换老师、换同学，这是很好的一次家长和老师、同学家长相互认识的机会。遇上课程之夜，有的家庭不仅是父母，甚至爷爷奶奶都会来。因为学校平时开展的学生活动比较多，有时学生的爸爸妈妈、爷爷奶奶都得全体出动，来当志愿者，所以，先来熟悉环境、彼此间混个脸熟，也是对的。

家长之所以如此积极，还有一点原因也很重要，这是邻居中一位白人妈妈告诉我的。如果家长对学校组织的活动表现得积极一些，活动多参加一些，对孩子的学习也多关心，平时多跟老师做口头或邮件沟通，那么老师在你的孩子身上也会多用心，不会马虎。有人的地方就有江湖，美国的"江湖"也差不多嘛。

第二种家长会是一对一沟通式的，通常发生在学年中。

开会前一两周，老师会给所有家长发邮件，让家长到指定系统上选择一个时段，到时就按照这个约定时间前往学校和老师一对一沟通。在沟通过程中，老师会跟家长交流孩子在学校的详细情况，比如各科学习内容，使用了什么学习工具，孩子掌握的情况如何，有哪些做得好和有待提高的地方，等等。

家长有任何疑问和对教学不满的地方，也可以在这个会议上和老师讨论。几乎所有家长都非常重视这样的会，一般早早就把假请好，即使时间和工作有冲突了，也会提前跟老师商量另约时间。这种和老师一对一的沟通方式非常有效，谁也不想错过。

当然，这种家长会对孩子们来说是件开心的事，因为一对一，每位家长半小时的话老师就得开一整天了，他们也就只有放假了。

如果孩子在学校里参加了特别的项目，每年还会有额外的、与之相对应的第三种家长会。

逃逃在学校参加了GT班（Gifted and Talented，有天赋和有才能的，俗称天才班），每年会有一次老师和全体家长的沟通会议。GT班的教学目标是培养Created Thinking（创造性思维）和Critical Thinking（批判性思维）。在这个会上，老师会分享整个学年主要会通过什么样的课程和方法帮助孩子提高这两方面的能力。可以明显感觉到，来参加这个会议的家长都更加关心孩子在校的学习情况，在会上提出的问题也比较多。由此，不难看出孩子学习怎样和家长是否关心真的是成正比的。

美国的家长会有什么不同？

　　从形式上看，和中国的家长会差别并不大。从参与度上讲，据我以往的经验和近期从朋友那里听说的，国内的家长，在家长会上往往会比较紧张，即使像我小时候成绩那么优秀那么乖巧听话的（是真的，相信我），我妈说每次去开家长会总还是有点紧张。虽然不担心我在学校的表现，但老师的威严在，还是得毕恭毕敬的。而美国这边家长和老师的关系更加平等，无论哪种形式的家长会，倒是老师看起来比家长更要紧张。尤其像开学初的Curriculum Night这种全体家长大会，老师是新接手这个班级的，和家长也是第一次碰面。一方面老师希望能通过这次会议让家长们了解她，支持她的工作；另一方面，她也要听取家长们对她的课程安排的意见。当然，她还得随时准备接受家长对课程安排的质疑，有时还真会遇到比较尖锐的问题。

　　去年老师分享数学课程安排时，有一位家长直接表示："你们这样不行。教得太难了，你确定我孩子能听得懂吗？"老师又把教学方法重新解释了一遍，那位家长还是坚持："据我对孩子的了解，他肯定不会理解的！"场面一度非常尴尬。但据说后来她家的孩子学校给予了特别照顾，不得不说"会哭的孩子有奶吃"是个放之四海皆准的道理。

　　至于家长会沟通的内容，美国老师会比较多地去讲家长如何能配合学校帮助孩子养成一些好习惯，特别是在阅读和思维这两个方面。

　　阅读是王道。美国小学对阅读的重视程度是远超其他学科的，每次家长会老师都会老生常谈地把阅读的重要性说一遍，把要求家长在家里要保证孩子阅读时间的事情强调一遍，把学校图书馆、社区图书馆、城市图书馆的借书方式在PPT里再列一遍，生怕哪位家长没领会到。

　　关于阅读方法、阅读书单我会在后续用专门的章节讲，这次主要给大家讲讲参加Curriculum Night，**老师特别强调的一种促进阅读理解**

的方法：家长每天都要抽时间真正地用心听孩子读书，要求孩子大声地读出来，如果实在没时间，也可以让孩子给宠物读，给家里的布偶玩具读，总之，让孩子选取他最喜欢的段落，用声音朗读出来。这点我们家之前并没有特别注意，不过逃逃在学校里一直都有这个练习，他们班上的每个孩子都有一位 reading partner（阅读伙伴），平时在学校会相互给对方读书，还会分享读书心得。

这个读书方法本身并不新鲜，但体现了美国学校对孩子能力培养中非常看重的一点——"out(讲出来)" 的能力。除了把知识学进去，学懂学会，能把它读出来，表达出来，这个能力也相当重要。低年级孩子可以通过读书，分享心得来锻炼，以后到了高年级，就会有更多的演讲训练和辩论课程安排。我想对于很多中国孩子来说，"in（学进去）" 的能力并不困难。比如逃逃，我感觉他的学习能力还不错，而在 "out" 的方面，尽管这几年有了很大提高，但比起那些能说善辩的印度裔、白人孩子，还得再加把劲。

花大力气培养思维能力。

不知道有多少家长跟我一样，听到培养孩子的创造性思维和批判性思维这两个词就觉得有点 "虚"，不知该从何下手？

美国小学对孩子思维能力的培养是从小就开始的。逃逃的 GT 老师曾经说过，思维本质上是考虑问题的一种习惯，而习惯的培养，当然是越早越好，越久越好。他们通常会花很长的时间让学生去学习、练习一种方法。去年家长会老师说他们将会学习六顶思考帽和 PBL（Project Based Learning, 基于项目的学习，后面的章节会有详细介绍），后来果然花了大半年时间反反复复练习六顶思考帽方法，剩下的小半年做了个国家／城市调查项目。而且，老师在家长会上也希望我们平时在家里注意多和孩子练习，比如大家商量问题的时候，提醒孩子戴上不同颜色的帽子，多角度思考。

美国家长一般不会成天盯着孩子学习，但他们之所以特别重视每次的家长会，我想主要的原因是家庭更像是学校学习的延伸，家长的作用不仅仅是监督和检查孩子完成作业（实际上小学阶段也没多少作业），而是和学校老师同步，一起来培养和固化孩子的习惯，比如良好的阅读、思维方式这些能让孩子受益终身的好习惯。

【逃逃说英语】之学校生活

交作业：Hand in your homework.

今天我们说的是交作业：Hand in your homework.

Don't forget to hand in your homework on time.别忘了准时交作业。

美国孩子的成绩单也是需要家长签字的，通常是发一个密封信封过来，家长打开查看，然后在信封上签字，所以说："Get your parent's signature and hand it in."（让家长签字，然后交回来。）

扫码听逃逃怎么说

学校的期末典礼很有爱

　　回想我们这一代人的小学时代,"期末"是一个既充满苦涩又让人充满期待的词,我们一边着急地复习功课,一边默默畅想着到溪边抓鱼。待期末考试这场重头戏结束后,成绩单、成绩排名便华丽丽地登场了。对自己的成绩不太有底气的同学都躲在家里,生怕参加完散学典礼回家的父母会把自己狠狠地揍一顿,再从父母手里接过一本恨不得想把它吞下去的《暑假作业》。然后欢乐又艰难的暑假就这样酸酸甜甜地开始了。

　　在没参加逃逃第一年的散学典礼之前,我真不敢想象,原来学校的期末还可以这样。

　　地球人都知道,美国人从不吝啬对别人的赞美。逃逃kindergarten的最后一天,老师邀请所有家长参加她给孩子们准备的"颁奖仪式"。一开始老师便动情(甚至有点煽情)地对孩子们说:"我们度过了非常棒的一年!你们是我教过的最棒的孩子!我希望我教给你们的就像你们教给我的一样多……"然后,她又哽咽着谈起前几天自己去参加一位从她的班级毕业了12年的学生的高中毕业典礼,看到那个曾经的小孩变为一位玉树临风的少年,她非常感慨,更为孩子的成长感到骄傲。说到这里,她眼含泪花,真诚地向家长说:"希望每位家长都和我保持联系,期待12年之后，你们能通知我参加孩子们的高中毕业典礼。"

平时老师和孩子们会给班里每一位过生日的小寿星庆祝，所以这次也安排了一个特别的环节：提前为在暑假过生日的小朋友派送祝福。

从中，我真正体验到美国教师从骨子里"尊重个体，用心发现每位孩子的闪光点"的职业追求。对我自己来说，曾经一张"三好学生"奖状就是期末莫大的荣誉和奖励，而获奖的名额总是屈指可数的，绝大多数同学只能在一旁"羡慕嫉妒恨"。但在美国，每位小孩期末都能捧着一张"大奖状"回家，细心的老师会给每位孩子准备名目众多的奖项，如写字最漂亮奖、最热心帮助同学奖、最爱提问奖、跑得最快奖……真是名目繁多。这次，逃逃获得的是"数学课最开心奖"。

我觉得一个教育系统最值得称赞的就是对每个学生个体的尊重和重视。只要学生有特殊情况，不管是好的还是差的，都有相应的帮助机制。

逃逃来上学前英语很差，他参加的ESL（English as Second Language，英语作为第二语言）课程是帮助母语非英语的孩子提高英语水平的。在逃逃上这个课时，我发现他的同伴里有一个孩子总是被老师抱着。后来得知这个孩子的智力发育比同龄孩子慢，抱他的其实是他的专任老师——平时这位老师常常单独给他上课，等他和班上其他孩子一起上课时，这位老师也会一直跟着他。这次散学典礼上轮到这位孩子上前领奖时，有两位老师在一直鼓励他。我们等了很久，他才慢慢而含糊地说："Th…an you！"在场所有的同学、家长都为他鼓起掌来，也为这两位耐心的老师鼓掌！

再说说我们小时候最怕的期末成绩单。美国公立学校的学生们直到高中前都不会明白成绩排名到底是个什么玩意！就算每九周一次的考核成绩单也会放在一个信封里，信封上还有"confidential"(保密)的字样，必须由家长亲自开封并且签字。逃逃的成绩单上评价项目很多，分得很细，但是评分只有三个级别：

Independently Uses Skill(能独立运用技能)。

Developing Skill(发展中技能)。

Not Yet Assessed(尚未评估)。

逃逃前几次的成绩单上还有些项目在第二档"发展中技能"里，最后一个九周，就全部落在第一档了。在全校的期末家长大会上，每个班有两位同学上台领奖，逃逃就是其中一个。尽管老师对每个上台领奖的同学的说辞不尽相同，**但中心思想只有一个——这个奖是表扬你的不断努力和进步！**

第一次参加逃逃学校的期末散学典礼，我很感动。尽管不论孩子表现的好坏、成绩的高下都有奖励这一点让我略存疑问，但整个过程让我感受到了老师对孩子们满满的爱，这是一种发自肺腑的、无条件的、真心的爱。这与其说是期末典礼，不如说是一次爱的体验。

这本身就是一堂很好的课，对孩子来说如此，对家长来说也如此！

【逃逃说英语】之学校生活

为何要把我"扔"到学校去？

今天我们来学"drop off"这个短语。注意"drop"在这里不是"扔下"的意思，指的是把某人送到某处，送到了就离开，整个过程是"去到……送下……走人"，所以叫"drop off"。

My dad drops me off at school. （爸爸开车送我去上学。）

Can you drop me off at the airport？（你能送我到机场吗？）

Can you drop me off at Kai's house today？（你今天能送我到凯凯家吗？）

扫码听逃逃怎么说

孩子的暑假也可以这么精彩

"There's a hundred and four days of summer vacation…"（暑假有一百零四天……）

这首来自热门动画片*Phineas and Ferb*（《飞哥与小佛》）的主题曲特别欢快喜庆，几乎人人都会唱。话说其中的"104"这个数字估计是为了押韵，因为实际上孩子们的暑期并没有那么长。首先普及一下，美国孩子们每年有四个假期：一周的春假，一般在三四月份；一周的Thanks giving（感恩节）假；两周的Christmas（圣诞节）假；十二周的暑假。当然，各个州的时间可能稍有差别，但大同小异。

总的来说，孩子们被放养的时间相当多，那么他们会怎么过这个超长的暑期呢？

首先，暑假有琳琅满目的"夏令营"可以参加。

和国内一样，暑期是各大儿童教育机构的必争之时。离暑假还有一两个月的时候，家家户户的信箱就被塞满了各种"summer camp（夏令营）"的宣传单。这里说的"summer camp"和我们国内通常说的"夏令营"还不太一样，一般是指有主题内容的托管班，活动地点很多就在本地，家长早送晚接。主题很丰富，有科学、艺术、体育等，营期大多以周为单位，家长、孩子可以根据时间安排和内容做选择，每周的费用一般在150到400美元之间不等。

这种形式的夏令营很受美国小朋友的欢迎。去年逃逃曾参加了一个以"科学"为主题的夏令营,每周学习一个科学知识要点,如恐龙化石、磁性、太阳系八大行星……小家伙每天回家都兴奋得不得了,还热情地邀请我和先生参与某些问题的资料搜集和探讨。

其次,暑假正是最好的亲子时光。

与国内许多双职工家庭不同,在美国,不少家庭都会有个全职妈妈或全职爸爸。因此,全职奶爸奶妈们更不能错过暑期这一陪孩子玩耍的绝佳时期。所以我们会看见,不管在家中草坪还是小区游乐设施里,各处简直就是"孩满为患",更别提各种免费公园了。美国国庆日(7月4日独立日)正好也在暑假,这样重要的日子怎少得了孩子们的参与呢?他们会有机会参加与之相关的各种活动与主题游行。

另外,暑假也是带孩子们出游探亲的好时机。这里得说明一下,美国公立学校对学生休假的管理非常严格,在我们居住的得克萨斯州,孩子一个学年休假(病假除外)如果超过10天的话,家长是会收到法院传票的。所以,尽管暑假回国机票价格是平时的两倍,但是我们带逃逃回国是既不敢"早退"也不敢"晚归"。当然,这些问题对逃逃来说都是不用考虑的,他要负责的就是——好好玩!

而对于稍微大一点的小孩来说,暑假是他们的最佳竞技时刻。相对国内诸多家长让孩子上暑期培训班,美国家长更鼓励孩子走出去,到户外耍酷,开展各种体育运动。

当然,假期也是勤工俭学的好机会。

我在逃逃这个暑期回国前,一直愁着家里的草坪没人打理。最后干脆在社交网站Facebook(脸书)上发了一条招工信息,结果没招来多少专业人士（可能是因为时间短，生意小），反而引得不少"童工"或者"童工"的爸爸妈妈们关注。Jadon（杰登）的妈妈是最早在Facebook上发私信给我的人，她说自己的儿子今年14岁，帮邻居割草的工作已经做了好几年了，口碑一直很好，希望我能雇佣他，价格和一般的专业公司差不多。从来没雇佣过"童工"的我开始有点犹豫，后来约见了Jadon本人后，我发现他比我想象中要成熟稳重很多，谈吐也大方自信，而且体格看起非常强壮，还有点小帅，于是我就愉快地答应了下来。一是佩服他年纪轻轻的就有自己挣钱的魄力和勇气，二来也希望逃逃交到一位大哥哥朋友。后来的事实证明，我们的选择是正确的，Jadon每次打理了草坪之后还会在Facebook上给我发一张照片，有一次他发现我们后院插座没电还提醒我需要检查一下，真是太贴心了！

说了这么多，似乎美国孩子暑假离"学习"两字已经很远了，那么他们有没有暑假作业呢？尽管我觉得这个可以有，但真的是没有！一位朋友在成都读二年级的女儿给我出了一道她暑假的作业题，是关于找数字规律的，我足足想了五分钟才回答出来（不好意思，也许我不能代表计算机硕士的平均智商）；与之相比，美国孩子的暑假实在是太轻松了。

我曾经在一个比较有名的美国育儿网站上看到一篇文章 *The Summer Brain Drain: What to Believe, Who to Blame, and How to Keep Your Child on Track*（《暑期的"沉沦"：在迷茫和抱怨之后，怎么让孩子走在正轨上》）。文中讨论道：放养式的漫长暑假中，美国孩子们会逐渐忘掉在学校里学到的各种知识。当新学期开始时，孩子们会感觉不适甚至焦虑。而解决这个问题的方法是家长在暑期给孩子们安排适量的学习时间，为新学期的学习做好准备。

这和我们所倡导的"学而时习之""温故知新"是同源的。刀还是要常拿出来磨磨的，放久了就会生锈。 所以，尽管整个暑假逃逃也是东奔西跑地到处玩，但每天晚上的读书时间我们还是保证了的。另外，在玩的时候，逃逃的爷爷奶奶、外公外婆也踊跃地教他认汉字、写汉字。

暑假是孩子童年记忆的一个重要部分，或者畅快地玩，或者根据自己的兴趣自由地安排，这应该是孩子暑假生活的主体。但就像成年人每周日晚上对未来一周的工作会深感焦虑一样，如果脱离学习环境太久，孩子们会需要相当长的一段时间来适应新学期。作为家长，我们应该给予帮助和指导。我们可以认真倾听孩子的需求，仔细观察孩子的兴趣和潜力，接下来和孩子一起制定一张合理的作息时间表，让孩子过一个劳逸结合、张弛有度的快乐暑假。

【逃逃说英语】之学校生活

日常对话：上厕所

两年多以前，逃逃马上就要在美国上幼儿园，那时他完全不懂英文，多音节的单词我担心他学不会，或者一紧张就忘掉，所以就教会了他最简单的两个表达"上厕所"意愿的单词：pee-pee（尿尿）和poo-poo（拉臭臭），以便紧急情况寻求老师的帮助。于是，掌握了史上最重要的两个英文单词的逃逃开始"行走江湖"了。

两年后，逃逃的英语口语完全在爸爸妈妈之上了！今天，我们就请他和爸爸一起给大家系统地讲讲，究竟在学校要上厕所该怎么说。

重点词是 pee，poo，bathroom/restroom（洗手间）——前者一般指在家里，有浴缸的洗手间；后者一般指在外面的公共厕所，往往里面还有一个小小的休息区。但是在使用上大家不太习惯区分，随便说哪个都可以：I'm going to the bathroom/restroom.（我要去上厕所。）

扫码听逃逃怎么说

到美国一年，儿子的变化很大

逃逃在美国上了一年学之后，暑假我们带他回国，也许是我比较迟钝，并没明显感觉到逃逃的改变，但一些一年没见过逃逃的亲戚朋友对逃逃变化的反馈特别大，我这才恍然发现，原来身边这个小家伙变了这么多。

说起逃逃最大的一个变化，那肯定是比以前更活泼、更大方了。

没出国前，他是一个比较内向、安静的男孩，喜欢逻辑思考，从他的爱好——下棋这一点便能看出来。以前周末我想带他出去玩，或者让他和陌生人打个招呼都有些费力。不过那时我们没把这一点当成一个大问题，毕竟每个孩子都有自己的个性。但一年多的美国生活对逃逃的改变是翻天覆地的，也许得益于美国孩子之间丰富而频繁的社交活动：birthday party（生日派对）、play date（玩乐日）、pool party（泳池派对）……各种聚会，最多的时候我要带着他一天赶好几场。正是在这个社交日常化的国度里，逃逃从胆怯怕生变得慢慢适应，其间点点滴滴的积累和改变让人难以捕捉，但是当量变引起质变的时候，才发现变化来得太突然！

第二个大变化，是逃逃变得特别恪守规则。

回国那几天，我带逃逃吃甜品，他把店里贴着的每个标签都非常仔细地研究了一遍,其中有个"不准带外食"的图标引起了他的注意,因为图标画的是一个面包和一杯饮料,再在上面加一条斜杠。他睁大了眼睛惊讶地问我:"这里为什么不能吃汉堡?"

"遵守规则"是逃逃上kindergarten的第一课,也是他"社会课"的第一个考核项目:"Understand the purpose and need for rules"(理解规则的目的和必要性)。第一周,老师教的都是学校里需要遵守的规矩,比如在什么地点和场合,应该用多大的音量说话;比如在食堂吃饭需要帮助(开瓶子、要纸巾)时应该打什么手势,要上洗手间又打什么手势,等等。所以,现在不管走到哪儿或遇到什么新东西,他首先会研究、确认它的"游戏规则",然后再按照规则办事。规则在小小的他的心中,已然根深蒂固。

逃逃的第三个变化是,他已然是一个敢想敢做的小当家了。

"what if"(假如)几乎是逃逃的口头禅,他总是有各种各样的想法和提议。有一段时间逃逃外婆跟我"抱怨":"逃逃怎么变得像个小管家了啊?"故事据说是这样的:客厅的电视机坏了,可是外公外婆找不到保修卡,两人坐在沙发上商量怎么办,完全没在意坐在一旁的逃逃。逃逃可不喜欢这样被无视,他将两手抱在胸前走到外公外婆面前有模有样地开始建议:"要不我们把这个旧电视机卖了,再加一点钱,买个新的回来吧!"

现在的逃逃,还是一个爱送惊喜的小暖男。

逃逃听说小姨要来家里玩,他就开始张罗了:提前把自己的房间收拾、布置了一番,还做了个写着"welcome to my bedroom"(欢迎来我的房间)的手工小卡片,卡片底下藏着一小包巧克力,放在架子上最显眼的地方。他神秘地对我说那是要给小姨的一个"surprise"

（惊喜）。

这种"surprise"文化在美国真的很盛行，逢年过节各路神仙，如圣诞老人、牙仙子、复活节兔子，给孩子派送惊喜就不说了，就算是平常，家人之间也会制造各种各样的surprise。逛超市时，逃逃要求给爸爸买个大西瓜作为晚餐后的surprise；学校也会经常要求家长对各种事情保密，例如给孩子们的神秘礼物、给老师庆祝生日，就连老师给孩子发个奖都会事先串通家长要求保密，目的就是为了能给孩子一个大大的surprise。

说了这么多，我兴奋地描述着逃逃一年来的转变，但所有改变都是正面的吗？其实不然。当我看到那个曾经不到4岁就能背《琵琶行》的文艺小子到现在只能将它依稀记成"《葡萄行》"的时候，心里还是有点小失落。有一天，我们在地铁站台看到一个楼盘广告，他准确地读出广告上"狮子湖"三个字，我心中窃喜，再问才知道，他是看下面的英文翻译出来的。

会不会中文，懂不懂诗词，这不过是表象，而更深层次的问题是他的确少了些国内传统文化的积累。举个最明显的例子，"It's not fair"（这不公平）是他经常挂在嘴边的一句话，无论是和大人还是小孩相处，他不太会想到谦让，而倾向于规则上的公平合理。作为一个血统纯正的中国人，孩子少了些东方传统文化的熏陶，我总觉得有点缺失。

另外，国内越来越规范的教育也使不少亲戚朋友的小孩（他们跟逃逃同龄）琴棋书画样样精通，待人接物彬彬有礼。逃逃和他们比起来，就像"渔夫的儿子vs专业游泳队员"，后者训练有素、专业，前者放任自流、随意。

　　总而言之,一年的美国生活让逃逃改变了很多,同时也丢失了一些。

　　坦白讲,我不迷信西方教育,逃逃来美国上小学也只是一个巧合。回头看他这一年的变化,总体上可以说这一年是值得的。但如果问我,若是花大价钱甚至是以家庭长期分居的代价来换取孩子来美留学值不值? 我只能说,且看且分析。未来的地球村会越来越小,中国和美国的距离也许就会"缩短"为北京和广州的距离一样。

　　我们都期望我们的孩子是更具有国际视野的一代,那该怎么做准备?

　　我想,孩子不管在哪里成长,都会形成一定的优点或缺点,而更重要的是看作为家长的我们在教育上怎样引导他。我们需要有更包容、更开放、更坚定的心态,只要是好的教育方法,不管源自东方还是西方,都应该去学习、使用。

【逃逃说英语】之学校生活

画地图：draw a map

逃逃"童子军"的作业：画一个自己小区的地图，把自己的家标在地图上。挺有意思的活动，小朋友暑假也可以来画一个！

我们在iPad或者手机的电子地图上，通过两个手指张开来拉近地图，两个手指夹紧来拉远，可以说："I stretch my fingers to zoom in and pinch to zoom out."

对于纸上的地图，可以用"Never Eat Sour Watermelons"，去找东南西北。今天我们再学一句：I drew a map of our community, and marked my house on it.（我画了一幅我们的社区地图，并在上面标出了我家的位置。）

扫码听逃逃怎么说

谁说在美国养娃不拼命
——低调的"天才计划"

　　曾有不少中国读者朋友在微信上向我吐槽，说孩子学习压力大、负担重，课内课外家长、孩子一起忙得不可开交，真想把孩子也送到美国云云。

　　遇上这类话题，我通常都会客观地帮对方分析送孩子到美国的利弊，因为无论是中国还是美国，其实都存在一些教育问题，但微信上的三言两语难以道清，更有"站着说话不腰疼"之嫌，所以，我觉得是时候让我自己也来吐一下苦水了。

　　首先我最想说的是，如果这些妈妈们只是想让自己在孩子的教育之路上轻松一点，那千万别送孩子来美国！为什么？因为如果我们对孩子的教育期望，是不希望孩子争什么，在学校做个中等生，以后安安分分地找个工作养活自己，那么孩子在哪里学习都一样，该学的学，该玩的玩，完全没必要送来美国。

　　对于孩子的教育，归根到底，大家为什么会觉得压力大，还不是希望孩子以后不仅能在社会上"混"，还能"混"出点名堂吗？所以，对孩子的教育来说，天下没有免费的午餐，在哪儿都得拼！

　　难道来美国学习，孩子就没有压力了吗？虽然"在美国当农民也很吃香"这句话是对美国职业平等化的一种诠释，但在经济全球化与高科技自动化的背景之下，其实受教育水平较低的美国蓝领中产阶级正不断沉沦。2014年牛津大学的学者对美国职场做了一项研究，得出在未来20年里，美国702种职业中47%的职位将被自动化机械和机器人取代的结论！就算是现在，美国大学毕业生比中学毕业生的平均收入也高两倍多。所以，美国人民也不淡定了，名牌大学成了莘莘学子的必争之地。

在这场教育的竞争中，亚裔学生是绝对的赢家。这很大程度上归功于亚裔家庭骨子里对子女教育的重视，尤其是在美国高等教育费用飞涨的情况下，亚裔父母们不惜自我牺牲，在孩子教育上拼命投入。当然，这种付出是有回报的。美国人口普查局每年都会出一份全美家庭收入中位数的报告，从统计数据可以看到，近年来亚裔人群的收入一直处于上层，超出白人将近20%。

但正所谓树大招风，尽管闹得沸沸扬扬的SCA5提案（加州宪法第5号修正案，该修正案涉嫌歧视包括美国华人子女在内的亚裔平等就学权利）暂时搁置了，但是亚裔因整体优秀而招来的"逆向歧视"确实存在。

为了保证生源的多样性，照顾到各个民族，美国学校也很为难，总不能让"藤校"（常青藤联盟大学）里全是亚裔学生吧？大量优秀的外来留学生给美国的本土学生带来了很大的压力（其中最大的一个群体当然是来自人口基数大且日趋强大的中国）。同样在美的华人孩子，感受到的竞争压力一点也不小，因为他们将来在竞争那些名牌大学的时候，所面临的选拔标准是一样的。

在美国，亚裔作为一个特殊的群体，要保持优秀更需要拼。在孩子教育问题上，我们拼的还不只是妈，孩子的各种活动（有文明精神的，有野蛮体魄的），几乎都得全家齐上阵。我们所在的达拉斯地区，小学上课时间是早上7：45到下午2：50。也许很多朋友会想，那几乎整个下午都可以和孩子们一起玩！但其实孩子没有时间能陪你玩，尤其是等他上了小学之后，别说是下午的时间，就是周末的时间，你想办个聚会，都得提前很早就开始跟孩子的小伙伴约时间，因为总有些孩子由于参加各种课外活动抽不出时间。

在孩子上课外班方面，我和逃爸已经算是很淡定的了，逃逃上的课外班，大多起源于他自己的兴趣和要求。例如学国际象棋，这是他自己的最爱；学钢琴是因为看到我和逃爸弹，他自己也跃跃欲试；学网球是看到好朋友们都在打，他强烈要求同往；除此之外，还有他最近自发要求的画画，还有童子军、DI设计……他忙得够欢，我和逃爸也陪得够呛！

实不相瞒，对逃逃我们还真算是比较"放养"的。我有些朋友，把孩子们排得满满的日程表带在身上，遇到朋友邀约就赶紧拿出来看自己能否挤出时间。要求更高一些的家长会直接送孩子到私立学校，因为那里每个老师带的学生少，可以根据学生的个性特点做专业培养，不过花费不菲。

也许有国内的朋友会说，即使这样，这些也都是素质教育，不像我们只盯着语文、数学、英语几门课的成绩排名。我想说，不是不看，只是时候未到，美国学生从高中才开始排名，平时的作业、小考成绩全部计分排名，精确到小数点后三位，作为以后大学录取的参考。所以，还是那句话，"几分耕耘，几分收获"，孩子的教育，关键看家长的目标是什么。如果要求不高，在哪儿都可以学得轻松、过得快乐；但如果要想孩子更优秀一些，追求普遍意义的成功、名校、高薪、社会地位，那么无论在国内还是国外，都得"拼"。

美国的教育并不像大家想象中的那般轻松。最近一个闺密为"要不要移民美国"这个问题纠结，她的担忧在于怕美国的基础教育不能为她家6岁的小神童提供足够"上档次"的基础教育。我只想对她说："亲爱的，这里也有'尖子班'，只是比较低调而已。"

当初逃爸跟我说要来美国时，我也有过像闺密一样的纠结。而且在美国待了一段时间后，逃逃真的对美国幼儿园每天从0数到10的数学课深感乏味。我曾托着腮帮子陷入沉思：这样下去可怎么办？但很快，我收到了一封密封的信，里面是来自这个学区"人才教育部"的推荐表格，里面包括"天才计划"（Gifted and Talented Program）的简介、测试时间等。也就是说，如果我愿意，就可以送逃逃去参加测试，通过后可加入"天才计划"，接受特别的教育。通俗点说，就是逃逃可以从"普通班"跳到"尖子班"。

得知有这样的培养项目，当时我立马觉得自己之前的想法太幼稚，简直瞎操心，如果美国基础教育真那么差，他们那么多的诺贝尔奖和科技创新是怎么来的？不过那时逃逃还处在语言适应期，所以我们没有着急申请加入"天才计划"。

等到第二年开学的时候，我们果然又收到"天才计划"的推荐表格，这次我可要让他去尝试一下了。

"天才计划"是美国个性教育的一部分，和ESL计划一样。美国小学里的这个"尖子班"很低调，无论是老师、学生还是家长，都极少拿它来大肆宣扬或者相互攀比。这也是为什么我是在收到了推荐表格之后，才对这个"天才计划"有所了解的原因。而在具体实施"天才教育"时，各个州的不同学区也有不同形式。在达拉斯地区的小学，加入"天才计划"的学生平时照常和其他学生一起上课，差别就在于每天会有一定的时间被pull-out（拉出），由专门的"天才计划"老师授课。这个pull-out的时间会随着年级的递增而增多。另外，暑假也有专门为"天才计划"学生提供的夏令营，而教授的老师都需要持有"天才教育"资格证书。

当然，以上这些都是"天才计划"的表面，为了更深入了解"天才计划"，我找到了受朋友盛赞的老师Ben（本）。Ben在我们这个学区的"天才教育"部门任教了十多年，现在经营着自己的教育公司。初次接触，我就感觉到他的睿智和敏捷，几番交谈后我了解到"天才计划"更本质的意义——培养孩子的创造性思维，保护孩子的创造力。

当我通过自己了解并与Ben交流后，毫不隐瞒地说，我赞赏这样的"天才教育"。一方面，尖子生有其特殊性，理应得到与之匹配的教育和帮助；另一方面，当这种尊重个性的教育普及的时候，"天才计划"的实施本身就是一个很普通、很低调的事情。所以，尖子生不会感觉自己有多优越多了不起，普通的学生也不会有心理落差。仔细想想，其实这也是我们不少家长需要的一种淡定心态。

【逃逃说英语】之学校生活

美国孩子也是很讲纪律的

美国小朋友在学校里规矩挺多，比如从教室到食堂要排队，放学到学校外面的接人区也要排队。

逃逃说老师经常说的一句话是Line up in a single file.（排成一列。）

也可以说成"line up single file"，或者"form a single file line"。

再比如：Line up in a single file and don't cut in line. 其中"cut in line"是插队的意思，这句话的意思就是，排成一列，不要插队。

扫码听逃逃怎么说

我们凭什么要求孩子上名校

　　逃逃6岁半之前，我从未想过他上大学的问题，因为实在太遥远了。前不久的感恩节假期，我们一家子到奥斯汀逛了一圈，慕名参观了UT Austin（得克萨斯大学奥斯汀分校），这可是一所全球排名第27的大学，远在清华、北大的世界排名之前。

　　接着我在朋友圈分享照片，畅想逃逃以后是不是可以上这所大学。原本轻描淡写的设想却引来不少朋友的热心评论。

　　"UT Austin是什么学校？没听说过呢，我看逃逃是上哈佛、耶鲁的料啊！""UT Austin是一流的大学啊！得州排名第一，孩子高中成绩保持前10%就没问题。加油吧！""逃妈，你花了那么多精力培养逃逃，怎么就只盯了个UT Austin？我还以为你立志要当'藤妈'呢！"这里的"藤妈"指的是帮孩子考上常春藤盟校的那位功不可没的妈妈。说实话，我还真没有那么远大的理想呐！怀着好奇的心理到各大论坛看了看各路神仙老妈是怎么看孩子上大学这事儿的。尽管还早，了解一下游戏规则总是有益无害的。

　　以前听说上海有不少收入不高的女生为了买LV包，天天吃泡面、挤地铁。虽不知是否真有其事，但不可否认的是，大多数华人都是非常认品牌的。这种"品牌意识"无处不在，小到个人、家庭，大到公司、高等院校。比如我当年读四川大学，我爸妈就一直不太好意思跟别人讲，被问到时总是遮遮掩掩，因为在他们那个年龄段和圈子里，大家都只是听说过清华、北大、交大、复旦这些名校。我出国后发现，无论国内国外，无论背景何如，这"名校情结"在整个华人圈子里都存在。前阵子和一位好友聊天，她说最近又累又郁闷，我问她为什么，她说儿子上高二了，得陪着他冲刺，考"藤校"（常青藤盟校），半年前她儿子定的目标是普林斯顿大学，后来发现成绩越来越赶不上，只能把目标降到康奈尔大学了。我当时是张着嘴巴听得一愣一愣的，感觉她是在抱怨买不起飞机，只能买游艇一样。

华人甚至整个亚裔群体对子女的教育是抱有很高期望的，也不计投入，无论是精力还是经济，几乎是能投多少投多少。国内的名校和一般院校收费差别可能不明显，但美国的这些名牌大学，不少可以算是"奢侈品牌"，单学费就得一年好几万美元。

相对于只盯"奢侈品牌"的亚裔，美国人怎么帮孩子选大学呢？放手让孩子自己选择？其实不然。选大学是一件大事，尽管最终是孩子拿主意，但大多数的美国家长还是会参与其中，帮孩子收集各种信息并出谋划策。各大学习论坛上也有很多指导，什么"Top Ten Rules of Selecting a College or University（选大学的十大规则）""Choosing a University: Five Essential Tips（选大学：五个必要提示）"都是热门帖。

总的来说，美国人选学校分为两类：一类是名望贵族、大企业家后代，基本都固定在顶级名校，不需要选，比如肯尼迪家族都是上哈佛的，而布什家族则青睐耶鲁；另一类是普通老百姓，考虑的因素就会很多，例如离家的远近、学费的高低。其实美国人是很务实的，一般不会为培养一个子女上名校而倾其所有。

　　纽约、洛杉矶这种大城市对美国人的吸引力，远远低于"北上广"对中国人的吸引，所以不少家长和学生更乐于选择本州的州立大学，原因很简单：学费便宜。比如同样是 UT Austin，2014—2015学年本州学生收费是9798美元，而外州学生或留学生则是34722美元。

　　很多中国父母通常指着家门口的学校跟孩子说："以后不好好读书，就只能读这里。"而在大部分美国老百姓心目中，家门口的大学才是最好的大学，不但熟门熟路，生活方便，而且还有从小喜欢和支持的球队，所以很多美国人都不愿意离开家乡去求学、工作、生活。有一年在逃逃暑假的时候，我们自驾去美国中部玩。在密苏里州一个很偏僻的地方，我们遇到一位经营着一家科技公司的"土豪"，他的车库里，一边停着若干辆法拉利那类顶级豪车，一边停着几乎是奔驰的全系列。我问他为何不到大城市去，多热闹，在这穷乡僻壤的地方，有钱也没地儿花。他说他就喜欢这里，因为他的爷爷辈生活在这里，他的父母辈也生活在这里。

　　不知道多年以后，我会不会也陪着逃逃加入名校竞争的行列。我希望有这个可能，因为要争，至少也得有点本事才能去争。但我更欣赏美国人务实的态度，因为每个人都有自己能力的上限，有适合自己的位置。

　　说一个也许不那么上进的观点，如果一个人·生的要求总比自己的能力高，那么他一辈子都会过得很辛苦。努力是一种能力，心态也是一种能力，最终的较量，都是综合能力的较量，己所不能，勿施于人。所以，我只希望逃逃做好自己能做到的，或者要求他做点踮起脚尖就能做到的，尽量不要求他需要飞跃起来才能办到的事。

【逃逃说英语】之学校生活

美国小学生每天都上什么课？
"班主任"用英文怎么说？

之前有朋友问班主任用英语怎么说，可能最接近的翻译就是 homeroom teacher 了。美国和中国上课的方式不同。在中国所有的同学固定在一个教室，不同的老师来这个教室上课。而在美国每个老师都有自己的教室，同学们要去上数学课，就去数学老师所在的教室；要上音乐课，就去音乐老师所在的教室。三到五年级还有个主场教室，那个教室的老师叫 homeroom teacher，有点班主任的感觉。

Miss Echols teaches reading, writing and spelling, she is my homeroom teacher.（埃科尔斯老师教我们阅读、写作和拼写，她是我的班主任。）

I need to go to 6 classrooms for English, math, music, art, PE, health and fitness. I need to go back to my homeroom for dismissal.（我要去六个教室上课，分别是语文、数学、音乐、艺术、体育和健康课，然后在放学前要回到我的主场教室。）

扫码听逃逃怎么说

我和7岁的儿子合伙创业了

儿子逃逃曾经问我:"妈妈,你为什么每天都那么忙?"

那时我还在IT公司上班,且担着每周在微信公众号上写几篇原创文章的任务。我认真地给他解释,因为妈妈有两份工作,一份为了我们的现在,一份为了我们的将来。小家伙眨巴眨巴眼睛,似懂非懂地表示理解。

后来,我终于下决心辞掉了朝九晚五的工作,专心带领"东西儿童教育"团队,过可以随意给自己分配任务的日子。逃逃又问:"妈妈,你现在不是只干一份工作了吗?怎么还是那么忙?"我无言以对。的确,专职于自己的事业之后,反而越来越忙,陪他的时间越来越少。逃逃的这个问题总会时不时地在我脑子里蹦出来,我也一直试图去寻找能平衡事业和家庭的方法,最终解决问题的灵感还得从一条短信说起。

一天中午,国内好友发来信息,她说:"今天带女儿去做销售了,长达8个多小时,女儿一直全力配合,乖乖地在一旁递资料、倒茶水,再困也没有哭闹,让我很感动。无论结果如何,我想让渐渐长大的女儿知道,她的妈妈是一个认真做事、能拼搏的妈妈。"

这个北京时间半夜两点发来的信息让我心生感动,同时也灵光一闪,是啊,为何我总将工作与孩子划清界限?这两者其实是可以结合的啊！

于是，我决定把儿子变成合伙人。

有了这个念头后，我马上就开始行动。首先是询问逃逃的意向，确认他感兴趣之后，我选了个好日子：2015年2月14日，也就是情人节那天，我和逃逃开了一个非常正式的kick-off（项目启动）会议。我还专门为会议准备了PPT，内容包括团队的使命、组织结构和逃逃担任的角色，并分析了他在团队里的重要性。

妈妈们肯定要问了，孩子听得明白吗？

我的原话是这么跟他讲的："逃逃，你看我们团队叫'东西儿童教育'，虽然你才上一年级，学历没有妈妈高，可妈妈的小学、中学、大学全都是在国内读的，而你在东（中国）和西（美国）都上过学，比妈妈全面；而且，你还是我们团队第一个儿童成员，做儿童教育，怎么能没有儿童呢？另外，你还是我们团队唯一正在接受教育的成员，最有切身体会，最有发言权！"

逃逃听后很受鼓舞，欣然答应合作。但接下来的步骤就没那么容易了，首先是签合同、分股份，要知道，给一个未满7岁的孩子讲清楚"股份"这个概念是很难的，我从合伙凑钱买卖水果讲到股份、银行的发源地——荷兰的崛起……花了半天的时间，喝了3大杯水才让他搞明白。随后，又花了半天时间和他讨论我们俩股份的分配额度。这项工作更不容易，但是一定要做的，因为我想让逃逃知道，这就是和妈妈一起做事情的感觉，在这份事业里，他是独立的，所以对每件事都要清楚明白。

我是这样跟孩子谈股份的

美国小孩的财商教育从他们掉牙时就开始了，因为在这边有一个传统习俗，孩子只要把掉下来的牙齿藏在枕头下，半夜tooth fairy（牙仙子）就会悄悄地把牙齿取走，并留下一些钱作为补偿，少的有一两美元，多的有几十美元。所以，美国孩子对钱并不陌生。

此外，从kindergarten开始，老师就会时不时地从各个角度教孩子们理解关于"钱"的概念，比如认识各种面值的硬币、纸币以及纸币上的人物；比如了解钱能用来干什么、我们所购买的服务和产品的区别，等等。老师还会设计各种场景，教他们怎么挣钱，怎么花钱。参加童子军更是必须自己走出去"兜售"产品。当然，孩子们还会自己玩一些金融类游戏，比如逃逃喜欢玩的monopoly（类似于大富翁的一种游戏），里面就有买卖、贷款、抵押、拍卖等概念。

那段时间"谋划"和逃逃一起合伙创业时，我们必然要谈谈怎么分股份的问题，正巧逃逃之前几天掉了一颗门牙，tooth fairy用10美元换走了这颗牙齿。我就用这10美元教逃逃怎么玩转股份这个"玩意"的。

我："逃逃，我们现在要一起做卖草莓的生意，我占30%的股份，你占70%，那么我们都是股东。我们一起凑10块钱去超市买草莓，那么，按照我们的股份比例额度，我应该拿出3块钱，你应该拿出7块钱。假如我们能把这些草莓以100块钱卖出去……"

逃逃："哇！10块钱的草莓我们要卖100块，我们得想想办法哦，比如去电视台做广告说一下我们的草莓有多好，需要做些poster（广告海报）或者再制作一些手工小礼物什么的。"

我："你的主意很不错！"（看来之前在童子军里卖爆米花不是白卖的，还是学了不少招数。）

逃逃："然后呢？假如我们真能卖到100块该怎么分钱？"

我："那么，按照我们约定的股份，我可以得到30块，你可以得到70块。"

逃逃："Oh Yeah! 有股份太好了！"

（这不是因为股份好，是因为这生意好啊……）

我："好，我们了解了什么是股份，那么逃逃，你觉得在一门生意里占多少股份好呢？"

逃逃："当然越多越好啊，赚了钱就可以多分一些！"

我："但是你出的钱也多啊！"

逃逃："噢，对，而且还不一定都能赚钱呢，万一亏了呢？"

我："所以呢？"

逃逃："要看情况，得看这生意是否能赚钱！"

（不错嘛，小家伙领悟得还蛮快！）

那孩子能理解股份制有什么好处吗？

股份制有什么好处显然不是三言两语能说得清楚的，我决定从股份制的源头说起，于是找出了以前看过的一套《大国崛起》节目，专门挑出讲荷兰的那一集《小国大业》，一边看一边给他解释。

从地图上看，荷兰的国土小得可怜，但在400年前，它是世界第一强国，不靠别的，就是靠他们做生意。为什么荷兰能做那么大的生意呢？因为他们发明了股份制。1602年，荷兰联合东印度公司成立，它采用了向全国人民筹集资金的方式，任何一个团体或个人，只要你愿意，上到荷兰政府下到阿姆斯特丹市长家里的女仆，都可以来到公司的办公室，在一个本子上记下自己出的钱，成为公司的股东。公司通过这种方式，把全国人民的钱汇聚起来，就可以造很多大船，航海做生意，做大事。东印度公司的船几乎到了全世界的每一个角落，今天的纽约城就是那时候的荷兰人建立的。

　　通过这个金融起源地的故事，逃逃懂得了股份制的第一个好处：有些大单生意靠一个人的钱是不够的，如果把很多人的钱合起来，就能干大事。

　　而另一个好处是什么呢？我和逃逃继续讨论卖草莓的故事。

　　我："逃逃，假如你有10块钱，你全拿出来做草莓的生意，但是我们在搬运的时候，不小心把草莓倒在地上，全砸坏了，没有人愿意买了，那怎么办？"

　　逃逃："喔……那我的10块钱就全亏了。"

　　我："就是啊，那假如你只拿5块钱来做草莓生意，剩下的5块钱去做香蕉或者苹果买卖，你觉得怎样？"

　　逃逃："对啊！我可不会那么倒霉，两个生意都亏吧。即使一个亏了，假如另一个赚了的话，我说不定还能赚一些钱呢！"

　　我："你说得很有道理，这就是股份制的另一个好处：分摊风险。我们可以把自己的钱分成很多份，去做不同的生意。要是草莓全亏的话也不是我们独自承担风险，还有其他股东呢！"

　　搞清楚这些概念之后，剩下的就是我和逃逃之间的工作分配问题了，这个比较轻松愉快，因为我承诺了日后会根据他的工作内容和质量再做调整。

一切就绪之后，逃逃愉快地签了合同，做了激情的入伙宣讲，准备卷起袖子和妈妈一起拼。

但还差一个月才满7岁的逃逃究竟能帮我做些什么呢？这会不会影响他的学习？其实这些我在和他签署合同之前都仔细思考过了，也做了一些试验。

首先，无论具体做什么，他肯定能有收获。我会从做事情的习惯开始，从最简单的周报开始，教他怎么做计划，怎么写总结，怎么预测控制风险，怎么做自我管理甚至项目管理。

其次，这肯定会占用他的一些学习时间，但也是值得的，养成良好的做事习惯比多认几个字、多算几道题更加重要。

最后，我会结合他的自身特点来安排工作，比如之后我写教育类文章，让逃逃参与策划和审稿，这不就是学中文的最好方式吗？

当时我还打算开一些关于孩子学英语的栏目，逃逃那时的英文水平，至少口语已经把我甩开几条街了，可以帮我整理他在美国这两年的学习材料。

我很高兴为我的儿子开启了他人生的第一份工作，也为我的团队招募了一位现在不一定靠谱，但我一定会帮助他靠谱起来的成员。当然，最重要的是我终于找到一种平衡事业和家庭的方式。作为女人，不管是社会、家人还是我们自己，似乎都在不断地问"事业和家庭怎么选择"这个问题，似乎这两者天生就是仇敌，有你无我，有我无你。但事实上，我们可以两者兼顾，不要总认为自己从事的行业有多么高深，无法和孩子沟通。孩子不一定需要完全了解我们的工作内容，但经历这个过程却很有价值，我们天天啰里啰唆地教他要努力，要坚持，遇到困难不要放弃，何不让他全程体验一个活生生的案例呢？这至少可以让孩子知道我们都在忙什么，目标是什么，遇到困难是怎么解决的。

【逃逃说英语】之学校生活

灾难演习

今天我们学习一个单词：drill，是演习的意思。

逃逃学校每学年刚开始都会举行3次灾难演习，分别是 fire drill（消防演习），tornado drill（龙卷风演习），lockdown drill（禁闭演习），lockdown drill 是模拟学校有坏人进来的演习，如果有坏人进来了，小朋友该把门锁起来躲在教室里不出去，所以这种演习叫 lockdown drill。例如：

I had a fire drill last week.（我们上周进行了一次消防演习。）

We always need to go to the bathroom in tornado drills, and go outside in fire drills.（龙卷风演习的时候我们需要躲到洗手间里，而消防演习的时候就得跑到外面去。）

We have drills every quarter, they are cool and I wish I could have them every week.（我们每个季度都会有演习，挺好玩的，我希望每周都有。）

扫码听逃逃怎么说

小贴士：美国老师管理"熊孩子"的两款神器

在美国课堂里很少能找到模糊地带，甚至连如何应对可能出现的混乱情况老师都早有准备，逃逃班上老师就准备了两样神器。

一样是"Unfinished Work Folder"（未完成工作夹），每位孩子都有一个。美国小学生的课后作业量不大，大部分都能在课堂完成。有些孩子没能在规定时间内完成作业，或者有任何其他未完成的事情，都会写在这个文件夹里，利用之后的空余尤其是"碎片时间"（比如哪天来学校特别早，或者哪天两节课之间有零散时间）来完成，甚至是下午的零食时间，边吃边做都是可以的。这个"未完成工作夹"非常简单，其实就是一个普通的文件夹，贴上个标签就搞定了

那对于动作特别快经常提前完成任务的孩子怎么办呢？特别"熊"的孩子是不是已经开始拆教室了？

老师还有另外一样神器，叫"I'm done Jar"（我搞定了罐），其实它完整的意思是"I'm done, now what？"（我搞定了，现在该干吗？）逃逃的教室里就有好几个。老师会事先在这些罐子里放很多任务卡片，比如"写写怎么才算一位好朋友""列出20个名词""写一首关于夏天的小诗""整理一下抽屉""去玩一会儿电脑游戏"……提前完成课堂作业无所事事的孩子，都可以在这个罐子里抽一些任务卡去完成相应任务。因为罐子里面有些好玩的任务，比如打游戏，所以孩子们都愿意去碰碰运气。小小的"我搞定了罐"就把一些行动迅速的聪明的"熊孩子"也收拾得妥妥的。

　　"未完成工作夹"和"我搞定了罐"这两样神器，其实我们自己在家里也可以用起来，我请逃逃录了一个讲解视频，这样大家可以更清楚地了解到孩子具体是怎么使用它们的，顺便也可以练练英文听力。

扫码听逃逃怎么说

Part 2

妈妈怎么做，
孩子才能爱阅读、会阅读

一定要告诉孩子：书是甜的

占世界人口比例不到0.25%的犹太人获得了全球27%的诺贝尔奖，也就是说，平均10个诺贝尔奖获得者当中，大概有3位是犹太人。作为世界上最富于智慧的民族之一，传统的犹太家庭有这样一个仪式，当孩子开始懂事的时候，母亲会翻开《圣经》，点上一滴蜂蜜，让孩子去吻。这个仪式的用意不言而喻：书是甜的。我想旨在培养孩子的阅读习惯吧，这也许正是这个民族的智慧所在。

刚到达拉斯的时候，我也为这里的阅读风气所震撼。我居住的小区有个"妈妈读书俱乐部"，大约有12个妈妈，每个周六聚会一次，每次由一个妈妈主讲读书心得，接着大家一起自由讨论。这些美国妈妈都有工作，平时也要照顾孩子们的生活学习，算是挤出时间来坚持自己的阅读爱好。

那时我就在想，美国人的阅读习惯究竟从哪儿来的呢？

我先从逃逃在kindergarten的经历说起。美国公立学校比我想象中更强调学习，更严谨。这么小的孩子学什么呢？**最重要的是阅读，阅读，还是阅读！**

早在kindergarten开学前两个月的家长会上，老师就要求家长开始培养孩子的阅读兴趣，并给了许多指导细则。

——作为孩子的第一位老师，请家长有规律、近距离地和孩子一起读书，不拘形式，短文、小诗、故事都可以，和孩子讨论书的内容，交流彼此感受。

——给孩子办图书证，定期带TA去图书馆。

——节日或生日时送书给孩子，让TA感觉书是很有价值的东西。

——让孩子大声朗读，同时耐心聆听，不打断。

其次，学校留的作业（是的，虽然不多，但美国学校也会留作业），90%都是关于阅读的。例如：每周读一首小诗或儿歌；每周一发下来一本小书，要求每天阅读，家长签名，周五返还学校；每周三在学校图书馆借一本书（孩子自由选择），下周三返还后再借；每个月有阅读奖励计划，孩子读够20本书可以得到免费的比萨券，需要家长登记读过的每本书的书名、阅读日期并签名。

逃逃在某个月终于达到了这个目标，在他非常高兴地拿回比萨券的同时，我们发现下个月的读书目标已经变成25本了。

当然，学校留的阅读作业都对应配发家长指导checklist（检查清单）：

——细读前对段落、单词的浏览分析。比如，短文总共有几段？最短的一句话有多少个单词？如果是首押韵的小诗，和孩子一起把押韵的单词圈出来。

——阅读时的单词发音、词义理解及联想。比如rain（雨），和孩子一起把它拼读出来（rrr…aaay…nnn- rain）；启发孩子联想，假如在rain前面加个"t"，会变成什么词？如果把"r"换成"p"呢？

——阅读后通过各种方式帮助孩子理解内容。比如，问孩子短文主要讲了什么？如果改变中间的某个条件，结果会有什么不同？还可以鼓励孩子把自己感受到的画面画下来。

关于孩子阅读，最有意思的是DEAR（Drop Everything And Reading，抛开一切，阅读吧 ）活动，通常安排在晚上，老师、家长、孩子们穿着非常舒适的睡衣，在学校礼堂、教室通道、图书馆门前，七七八八席地而坐，围成一圈，老师读书，孩子讨论，轻松愉快。

这让我想起曾经和一位美国妈妈的谈话，当时我正苦恼于尽管知道培养孩子的阅读兴趣很重要，可儿子连字都还认不了几个，不知道从何下手。这位妈妈很直接也很诚恳地告诉我：**"读书绝不是把书丢给孩子就完事了的。孩子的阅读就该从不识字开始，你给孩子读书时的语言、神态，书里的绘画，会带领孩子进入一个美妙的世界。**而且，很多孩子到八九岁就开始倾向于独立阅读了，所以，妈妈要好好珍惜这段不长的亲子阅读时光。"

在小朋友的眼里，书是玩伴亦是爱。

逃逃的好朋友Kai（凯），每年都会收到居住在密苏里州的奶奶寄来的礼物——一大包图书。Kai非常喜欢动物，他的愿望是当个动物学家，收到奶奶给他寄来的一大包关于各种各样动物的图书，他太开心了！

逃逃的另外一个朋友Connor（康纳）前一年到密歇根州的爷爷奶奶家玩，回来后他收到了一个特别的包裹——爷爷奶奶亲自给他制作的"书"！小Connor还不太认识字，爷爷奶奶就用照片和图画给他做了一本"Connor游玩密歇根"的故事书。然后这就成了他爱不释手的睡前读本了！

逃逃一开始完全不懂英文，但花花绿绿的图画书很吸引他，而且，他从中还能找到不少熟悉的动画形象，比如Little Bear，火车头Thomas（托马斯）等。经常是翻到感兴趣的书就坐下来要求我给他读。

对于两三岁的孩子来说，书和玩具差不多，像前面提到的小

Connor，爷爷奶奶送他的书其实相当于他的睡前玩伴。所以，不要认为让孩子读书是他的负担，其实他是在玩，如果妈妈陪读得很生动，那他还会很享受。渐渐地，读书的兴趣就培养出来了

对于四五岁的孩子来说，虽然已经有了"读书"的概念，但因为他们还不怎么识字，基本是通过边看配图边听父母朗读来理解内容，那么在帮孩子选书上可以国际化一点，一些好的英文绘本也可以选择。另外，我发现图书馆确实是一个可以带孩子去的好地方。因为里面本来很安静（闹腾的娃都被大人暂时带出去了），受环境影响，孩子进去之后自然也会安静下来。逃逃上kindergarten前的很多时间都是在图书馆度过的，有一个下午我和他一起读了一系列关于美国节日的图书，都差点忘了和爸爸约好的晚饭时间。

很惭愧，以前在国内不知道什么原因：太忙，交通不方便，书太便宜……总之有各种借口，我连图书馆在哪儿都不知道，有些遗憾。到了国外之后，发现小小的图书馆几乎成了当地人不可或缺的一部分，我们也"入乡随俗"地把它当作家庭常规活动的一个场所，希望能和逃逃一起去感受、融入这种"爱阅读"的文化。

"读书使人进步"是个放之四海皆准的真理，一本好书可以陪伴我们一辈子。所以，我们也应该告诉孩子，书是甜的，在适合的年龄多带他去图书馆，让他爱上阅读，这将会是他受益一生的好习惯。

【逃逃说英语】之阅读培养

暑假要多多读书：Read a book

首先读书可以说"read a book"。注意，虽然"see"和"look"也有"看"的意思，但读书不能说"see a book"或者"look at a book"，它们表示的是看见书了，但不是读书的意思。

比如：I saw the book on the shelf but I didn't read it.（我看到那本书在书架上，但我并没有去读它。）

扫码听逃逃怎么说

10个超有趣的小方法让孩子爱上阅读

曾经看过一篇文章，作者在美国某个城市坐公交车，发现车上几乎所有人包括流浪者手里都捧着书。当时我想，这也未免太夸张了吧！后来在美国生活了一段时间，才知道实际情况还真差不多。

美国是一个非常重视阅读的国家，在公众场合，你可以看到头发花白的老年人捧着厚厚的书看得津津有味；在图书馆，你可以看到父母们给坐在婴儿车里还含着安抚奶嘴的小宝宝读绘本；在交通工具上，年轻人手捧书籍看得入迷的画面也是司空见惯。

逃逃在美国上学这几年，我感受最深的就是学校老师对阅读的重视。尤其在幼儿园和学前班阶段，学校隔三岔五会发邮件提醒家长引导孩子读书，还会附上各种亲子阅读的建议和清单。

经常会收到这样的读者来信，谈到自己深谙阅读的重要性，家里也囤了不少绘本图书，平时每天也会安排固定的时间给孩子读书，可孩子的阅读兴趣感觉始终没有培养起来，心里很着急，很想知道在培养孩子阅读兴趣方面究竟有什么好方法。所以我总结了3类共10个阅读小方法分享给大家，希望对更多的妈妈有用！

第一类方法，玩角色互换，让宝贝来当"小老师"，具体阅读方式

如下：

Shared Reading（分享阅读）

关键词是"宝贝读，爸妈听"。

爸爸妈妈表现出想听宝贝讲故事的意愿，请宝贝来当"小老师"。"小老师"可以手拿一支笔或者一根小棍子，一边指着书本一边一字一句地给爸爸妈妈读。爸爸妈妈可要认真听好，最好还能时不时地提出几个小疑问请教"小老师"。

我想让孩子当老师这招很多爸爸妈妈都用过，但是不要忽视道具的魔力。一根小棍子可以让孩子瞬间提升当老师的感觉，更快进入角色，更有仪式感！

Guided Reading（指导阅读）

关键词是"我来指导，你来读"。

还是让宝贝当"小老师"，给爸爸妈妈先简单叙述一本书或者一个故事的大概意思，类似小学语文分析文章时的"中心思想"。孩子总结之后，请爸爸妈妈来读书，宝贝来听听读得对不对，给爸妈打个分数。

让孩子先说文章的大意，是不是能锻炼他的概括表达能力呢？更何况，他还带着一个任务，要仔细听爸爸妈妈读得对不对，这肯定比平时更认真更专注。

Guess My Book（猜猜是哪本书）

关键词是"宝贝讲，父母猜"。

在宝贝较熟悉的故事中，请宝贝讲述一个故事、一个场景或出现过的形象，父母认真倾听之后来猜猜它是出自哪本书、哪个故事。

爸爸妈妈们肯定很聪明，很轻易就能猜出答案，这可不行哦！在宝贝面前，爸爸妈妈一定要当个不那么聪明的"学生"。你得假装猜不出来，让孩子把故事的结构再理一理，或者再多说点细节，你要假装很努力地去猜，甚至有时你得故意猜错，引导孩子再多讲一些。

第二类方法，通过"演画唱"，让阅读"动"起来。具体方式如下：

On Stage（我的舞台我做主）

关键词是"把书演出来"。

选择书中的一个场景展现出来，让宝贝分配角色，设计情境，爸爸妈妈按需要也可以参与其中，全家总动员，比比谁演得更像。

这是美国学校里老师们谈得很多的"drama"（话剧表演）能力，能把书中的情节表演出来，是理解的最高境界。宝贝不但要明白故事情节，还要领会角色的感受、情绪，想象并演绎出主角的动作、表情，一点都不简单！

He Said，She Said（他说，她说）

不要光是读和看，关键词是"边读边画"。

涂涂画画也很好玩，和宝贝一起动手画出两个角色，比如宝贝在读书，妈妈在听，然后，分别在这两个角色旁边画上"speech bubble"（对话框），在里面写上或者画上相应的对话。比如，宝贝在读什么？妈妈听了之后会说什么话？或者是爸爸妈妈一边听一边在思考什么问题？

如果我们把正在进行的亲子阅读场景用画笔定格下来，想象一下就觉得很温馨吧？听故事的爸爸妈妈也可以借机表达自己的真实感受，"哇，这本书太有趣了""后面发生了什么？我好想知道啊"，甚至是"宝贝，麻烦你读得有感情一点好吗？我都快睡着了……"

American Idol（美国偶像）

关键词是"大声唱出来"。

American Idol是美国一个很有名的唱歌选秀节目，类似国内的"快男超女""中国好声音"之类的节目，以此为标题即是提醒爸爸妈妈们，有时候唱比读更有趣，特别是很多儿童绘本文字简短、读起来朗朗上口，鼓励孩子用自己喜欢的曲调唱出来，比单纯地看更有意思。

我接触的美国低年级老师，他们都恨不得把所有的东西都编成歌来教，每周学校开会，老师会组织孩子一起唱行为准则歌，很多学习内容也被编成歌，包括逃逃曾经学过的phonics（自然拼读法）。

这一招在我们家经常用，特别是逃爸和逃逃，除了把绘本编成儿歌，还喜欢把说话内容都故意唱成歌，使用最流行的曲调，然后往里面乱填词。虽然感觉有点傻，但我必须承认，这招能给孩子带来很多欢乐，而且，用这个方法背诵诗歌名句，也会记得更快。

第三类方法，需要宝妈或宝爸搭配，具体阅读方式如下：
Five Finger Retell（五指复述法）
关键词是"让指头带你读故事"。

这也是美国老师经常用到的阅读方法。用五个手指来分别表示：（拇指）setting，故事发生的场景、时间、地点以及周围的环境。（食指）characters，故事里的角色。（中指）problem，需要解决的问题。（无名指）event，发生了什么，故事的开端、发展和结局。（小指）solution，问题的解决方案。

读完一本书之后，拉拉对方的某个手指，要求对方说出这个手指所对应的阅读理解内容。就像学数数时，手指成为有意思的工具一样，在阅读中，手指也可发挥同样的作用。读完一本书，伸出手指，爸爸妈妈和宝宝轮流出题，把阅读变成小游戏，是不是有趣得多了？拉拉手指，还可以闭着眼睛拉或者转过身去从后面拉手，是不是很好玩？

Tricky Tricky Teacher（玩个小把戏）

关键词是"猜猜猜"。

阅读时把书里面的某个字或单词盖住，让孩子猜，猜对者有奖励。这个看似简单的游戏，非常适合正在学字的孩子，可以锻炼他的遣词造句能力！孩子可以根据上下文猜，也可以根据配图猜，这与课堂上老师让孩子练习组词造句类似，但趣味性明显更高。

See Saw（读书跷跷板）

关键词是"从片段到条理"。

家长读一页，孩子读一页，读后将自己阅读的部分讲给对方听。因为爸爸妈妈的词汇存储更丰富、语言表达更有条理，在轮流讲述中可以引导宝贝表达得更有逻辑。在孩子能自主阅读，可以读系列故事之后，可以升级为家长和孩子一人读一本，然后一起把整个故事串起来。

这是帮助孩子提高复述故事兴趣的一个有效方法。因为每个人阅读内容都不连贯，必须要相互交流才能串联起整个故事！这一招在亲子阅读中可以用很久，读相同的故事，爸爸妈妈和孩子之间会有更多共同的话题。

My Favorite Part（我的最爱）

关键词是"让我想一想"。

家长和孩子可以彼此交流最喜欢的书中的某一段落、某个故事或者某个角色，分析记忆深刻和喜欢的原因。由阅读引发思考，就这么简单，看出来了吗？这样的交流，正是教会孩子领会真善美和建立价值观的过程。如果彼此喜好一致，那就是一拍即合、心有灵犀；如果不一样，请讲出理由，并试图说服对方吧！

以上10个小方法，听起来是不是很简单？

为了督促爸爸妈妈在平时的亲子阅读时不要忘记使用，我建议大家把这些方法做成卡片，然后分成"To Do"（准备要做的）和"Done"（已经完成的）两个夹子，每次阅读前可以和孩子一起选出今天想做的活动项目，贴在"To Do"里面；然后，每完成一项，就把对应的卡片贴到"Done"里。这样的"可视化"流程，能让孩子感觉更有意思，还可以提醒爸爸妈妈今天还有哪些小活动没做。

【逃逃说英语】之阅读培养

不同封面的书用英文怎么说？

这周我们讲和书有关的英文说法，上次逃逃介绍了"看见书"和"读书"的区别，今天来聊聊不同封面种类的书该怎么说。

我们用"title"表示书名，用"cover"表示书的封面，这是我们拿到一本书首先看到的东西。比如：I found out that the books with a cool cover are usually very interesting.（我发现封面很酷的书往往会很有趣很好看。）

书的封面一般有两种。一种是硬皮的，一种是软皮的。中文一般叫作精装本和平装本。其中硬皮封面叫"hardcover"，软皮封面叫"softcover"，也叫"paperback"。比如：Kid books are usually hardcover and adult books are paperback.（小孩的书封面通常是硬皮的，而大人的书封面通常是软皮的。）

扫码听逃逃怎么说

错过孩子阅读兴趣培养的黄金期，怎么办

逃逃快满 8 岁的时候，我发现他的阅读兴趣突然神奇般地涨起来了，很突然很迅猛，我也很欣喜。很多教育专家说 0—3 岁是形成孩子阅读兴趣、阅读习惯的关键阶段。可是，如果已经错过这个黄金期，孩子们还没来得及培养起阅读兴趣的应该如何"逆袭"呢？

我先详细分享一下逃逃的亲身经历。

逃逃小时候，我和逃爸的工作都特别忙，一直是家里的老人帮忙照看他，3 岁之前是爷爷奶奶，3—5 岁是外公外婆。他吃饱、穿暖、不生病已经是我们的愿望了，我虽然也是个"买买买"的绘本达人妈妈，但很多时候实在抽不出太多的时间陪逃逃阅读。所以，在关键期，逃逃的阅读兴趣一直没怎么培养起来。

等我们带他来到美国，逃逃 5 岁了，本该是开始大量阅读的年龄，但为了尽快适应新环境，练习英文听说的优先级明显更高。于是逃逃以看动画片、听韵律儿歌为主，很久之后才算真正开始阅读书籍。和那些曾经还坐在婴儿车里就被爸爸妈妈推到图书馆去"阅读"的同学比起来，他起步有点晚了。而且，这个年龄才开始阅读，在选书方面会比较尴尬，小小孩的那些绘本简单好懂，但他觉得幼稚，兴趣不大；chapter book（章节书）故事情节合适，但对他来说阅读难度大。因此，在很长

一段时间里，我感觉逃逃虽然开始读书了，但始终停留在被布置、被安排的状态中，从来没有过自发的如痴如醉的状态。（话说这当妈的期望是不是过高了？读还不行，还得自愿得不能自拔？）为了让逃逃对阅读说"I do（我愿意）"，我2015年年底就开始"密谋"，和他一起制订了新年计划——2016年，只需做好两件事：运动和阅读，一个关乎身体，一个照顾灵魂。为了运动和阅读，其他活动都可以让路。

当我们希望孩子全身心投入去做好一件事情的时候，一定要给他充足的时间保障。比如他以前有时间玩，那么现在读完书之后也应该有时间玩，不能把原来该玩的时间用来读书。试想一下，在工作中我们很容易接受现有任务的调整，但是如果要我们加班，估计心里立刻写满了无数个"不爽"！为了让逃逃养成阅读的好习惯，和他商量后，我果断地给他"砍"掉了好几个课外兴趣班，比如象棋、戏剧表演、画画。其实这些兴趣班都是学校开的，逃逃放学后可以留下来上课，很方便。以前我尽量给他报，主要是想让他在学校多待一会儿，免得回家打扰我工作。现在，阅读代替了上兴趣班，我也不用再担心被打扰。他看他的，我还是可以继续做自己的事情。

从最近的成果来看，这个"砍"是明智的，因为孩子的兴趣培养总要有所取舍，把精力集中于最重要的那个，才能有一定的成效。逃逃的一位同学的妈妈曾跟我分享说，她也打算给孩子"砍"掉些活动，以前她儿子学跆拳道，回家还经常看看视频自己琢磨动作，最近参加的活动多了，看起很忙，学到了很多，但每样都浮于表面。是的，倘若总想着面面俱到，结果往往是面面俱不到。

错过了兴趣培养期，要想再培养阅读习惯，除了时间上要有保证，也要慎重选择图书。

随着逃逃一天天地长大，小小孩的那些入门绘本书已经完全入不了他的"法眼"了，我选择直接从章节书开始。逃逃读的第一套章节书是Magic Tree House（《神奇树屋》，冒险故事类，适合6岁以上的孩子），一共有四五十本。一开始他兴趣不大，我就按前面讲到过的"See Saw"的方法跟他一起读，逃逃读单数本，我读双数本，读完后再相互讲自己读到的故事将所有故事串起来，这样既有悬念也有互动，还不会丢什么情节。这个过程对我们家长来说不会太难，孩子的进步也会很大。比如这套四五十本的章节书，我只和他读了四五本后，逃逃就已经建立起了对整个故事的兴趣，后面的书即使我不陪他读，他也会自觉地拿起来读。

逃逃读的第二套章节书是39 Clues（《39条线索》，悬疑类，适合七八岁的孩子），总共有4个系列，每个系列多的有十几本。这套书名气很大，但对孩子阅读来说，文字上有一定的难度。逃逃在一年前就想看这套书了，由于里面的生词太多只好作罢。现在他再拿起来，翻了几页还是有点想打退堂鼓的意思。于是我抱着试试看的心态和他一起读，我们俩一页页地翻，遇到不认识的单词就联系上下文猜或者查字典，一本几百页的书这样读下来，还真就把他的阅读兴趣提上去了。然后我故伎重演，悄然退场了，让他自个儿接着看。值得高兴的是，这套书让他彻底着了迷，终于到达了我期望的那种不可自拔的状态——一开始还是在计划好的阅读时间里看，后来痴迷到自愿牺牲看电视、玩游戏的时间来看了。

当我们把孩子推到一个可以让他自己滑行的轨道上时，也就是引发了孩子一定的阅读兴趣后，家长就可以撤退了。**然后需要做的就是，再找一些外在的推动力。**

如果说我的两次陪读激发了逃逃内在的阅读兴趣，那么学校老师发起的读书比赛简直就是锦上添花的外在的推动力。逃逃开始上二年级的时候，从第一个学期开始每周班上都有读书比赛。每个周二，老师发一张记录表下来，让孩子们记录自己所读的书名和所用时间，给家长签字，然后下周一上交记录表后进行评比。这个活动从开始到现在逃逃就没拿过第二，据说长期盘踞前几名的同学还经常交流阅读的事，这个年龄段的孩子其实有强大的好胜心。我曾经调侃他问，要不要考虑"收手"，可以读但别记那么多，得给别的同学机会，但被他拒绝了，他说那算是cheating（欺骗）。

后来我发现，这个阅读活动持续了很久。老师发起的比赛像一根导火索，而要想真正燃烧则是靠孩子们自发的热情。除了逃逃，他们班上的其他孩子记录的阅读时间也周周增加，然后我发现老师对读书比赛结果的强调就开始逐渐弱化。

每周一是逃逃交记录表的时间，然后新表从周二算起，所以周一的阅读时间是不记录的。我曾经逗逃逃说，周一你休息一下嘛，读了也白读，不计入时间的。他鄙视地看了我一眼说："Reading is not for contest, it's for fun, OK？"（读书不是为了比赛，是为了快乐，好不好？）我一边作大彻大悟受教状，一边心中窃喜。读书比赛听起来是个老土的方法，但的确奏效。如果孩子所在学校没有类似的活动，我建议可以约几位家长联合起来给孩子举办，甚至家长自己也可以加入其中。每个孩子心中都有阅读的火花，一遇氧气，便可点燃。

【逃逃说英语】之阅读培养

什么是章节书

继续我们的"读书"系列，今天我们来说说"chapter book"。"chapter book"是分章节的书，就是说书分成第一章、第二章……很多章节。"chapter"指书里面的章节。

比如逃逃举的例子，小小孩读的书一般不分章节：The book usually is not thick, it has many pictures in the book and no chapters.（一般那些书比较薄，有很多图片的书，那些书是不分章节的。）

到了一二年级的时候，小朋友开始读比较厚的书，这些书大部分都会分章节，就是chapter book。比如逃逃说：My first chapter book is *Magic Tree House*. It usually has 10 ~ 15 chapters in a book.（我的第一本章节书叫《神奇树屋》，书中大概有10章到15章。）

扫码听逃逃怎么说

请帮孩子打好英文阅读的"童子功"

逃逃上幼小衔接班前的那个暑假，学校发了一个手册，里面附有醒目的一张表，对比列举了每天分别读书20分钟、5分钟和1分钟的3位孩子一年之后测试成绩的区别。其中读书20分钟的孩子将会在考试中位于前10%，每天读5分钟的在前50%，而每天只读1分钟的，就只能略胜于最落后的10%的孩子。

言下之意很明显：各位家长，要不要孩子多阅读，您看着办吧！

上小学之后，有次逃逃回家抱怨说："妈妈，以后不要再给我带饼干、面包这种吃了容易掉渣渣的零食了！"我不解地问他每天下午的零食时间难道还要规定吃什么？他说："不是的，因为我们都是一边吃一边看书，食物渣渣掉在书上不好嘛。"原来如此！

我表弟是名牌大学的学霸，后来考到美国这边的大学读研究生，上了一两堂数理方面的课之后，自恃才高八斗，没怎么把周围的同学放在眼里。但等到他上第一节历史课时就被吓到了，教授布置一次作业，需要的阅读量是两三百页书。这还不算，教授还列出了一本四五百页的书供学有余力的同学参考。我表弟刚刚生不如死地把必读书啃完，结果却发现至少有40%的同学已经完成了额外的阅读……

以上基本能代表美国小朋友和大朋友的阅读现状了。若打算以后送孩子出国留学，请家长们立刻开始帮助孩子打好英文阅读的"童子功"，陪孩子多读些英文书吧。

那么问题来了。首先，读什么？

刚刚进入英文启蒙期的孩子，我建议不妨从英文绘本开始读起。初期可以选择一些大牌经典的绘本，比如被称为绘本界"奥斯卡"的美国凯迪克、英国图书馆协会的凯特·格林纳威等历年的获奖书单，书单上的那些书都非常棒。具体书目大家自己去搜索就好了，网上的资源非常丰富。

另外我推荐一个美国Scholastic（学乐）出版社的书单。这个出版社的书在美国幼儿园、小学里可是一直处于老大地位，深受老师同学们的欢迎。

其次，怎么读？

如果孩子可以自主阅读了，那我们就高高兴兴地只管往家里搬书，让他自个儿读就好了。而现在需要讨论的是在孩子还需要家长陪读的时候，爸爸妈妈们该怎么做。

如果家长英文不够好，怎么给孩子读呢？

其实，只要是当年能正常通过英语四六级的家长，对付这些小朋友的绘本应该是绰绰有余了。首先得自信起来，孩子的绘本不会很难，定位于儿童初期英义阅读的书籍里，几百个英文常见词就覆盖了70%左右的词汇。

不过为了给孩子带来更好的阅读体验，我建议家长可以先预习备课，把内容弄清楚，确保每个单词都能读准确，避免在阅读过程中频繁查单词而打断了阅读的连续性。

可能有些家长会问，**给孩子读绘本究竟是该全英文地读，还是一边**

翻译一边读呢？

这个问题的答案一直都有争议，有些人认为全英文读给孩子听，有利于实现"全浸泡"英文环境，帮助孩子形成英文思维；而有些人则认为如果孩子听不懂的话就是无效输入，还不如带着翻译读。

我个人认为，阅读本身应该是个很放松很舒服的事情，无论是翻译还是不翻译，前提应该是以孩子的兴趣为主。如果孩子还很小，对中英文不敏感也没有特别要求，我们没有必要翻译。如果孩子年龄比较大，也有翻译要求的时候，我们就该响应了。但需要注意的是，尽量避免一字一句地翻译，最好在讲故事前，把人物和故事梗概介绍一下，让孩子对故事有个大致了解。

比如，讲小狗Biscuit（小饼干）的故事前，可以先告诉孩子，Biscuit是一只可爱的小狗，他和小主人——一位小女孩之间发生了许多有意思的故事；而在讲Frog and Toad（青蛙和蟾蜍）这个故事时，就可以先介绍一下，Frog和Toad是好朋友，它们住得很近……当和孩子一起阅读时，孩子再听到这些词，就知道它代表什么了。另外我们可以尽量用声调、音量、肢体等语言来帮助孩子理解。做法就像我们一开始给孩子读中文绘本一样，当小女孩对Biscuit说"Quiet, Biscuit. The baby is sleeping（安静点，小饼干。婴儿在睡觉）"时，不妨压低声音，用手比划一个"嘘"，然后再把手枕在耳旁做睡觉的样子。这些"语言"能帮助孩子更深刻地理解绘本内容。

依据实践经历，我还总结了一些其他小技巧。

一本绘本被读好多遍后，孩子就渐渐对内容比较熟悉了。这时，爸爸妈妈可以"让孩子成为明星"以增加乐趣，比如把故事里的英雄变成孩子的名字，再夸张地读出来；或者也可以换成爸爸妈妈自己的名字。

这样的替换游戏，用得好的话也能提高孩子的兴趣。

另外，我们不需要强迫孩子发声读，可一旦发现他有兴趣，就要鼓励他大声读出来。大声阅读可以锻炼口腔肌肉，让英文发音更准确，口齿表达也更清晰，孩子也会变得更自信。如果家长尝试和孩子轮流大声阅读，会让阅读这件事变得更有趣！

英文绘本阅读能让孩子接触到原汁原味的英语，了解异国文化背景，也为孩子以后阅读章节书或者更难的大部头书籍打下坚实的基础。所以，打算将来送孩子出国留学的家长们，从现在开始就多陪孩子阅读英文绘本吧！

不过无论怎么读，最关键的还是要坚持，每天积累一点点，时间长了就肯定有收获！

【逃逃说英语】之阅读培养

故事书和非故事书用英文怎么说？

上次我们说了"chapter book"，这次我们来说说"fiction book"和"nonfiction book"。

"fiction book"是什么呢？就是虚构类的故事书，比如《三打白骨精》《哪吒闹海》等。

"nonfiction book"是什么呢？就是非虚构类的书，比如《十万个为什么》等科学、历史、地理之类的科普人文历史类书籍。

逃逃说："I prefer nonfiction books. I read a book called *A Short History of Nearly Everything*. It's amazing."（我喜欢非虚构书，我读了一本叫《万物简史》的非虚构书，太好看了。）

上次我们讲的"chapter book"和"fiction"或者"nonfiction"没有对应关系：A chapter book can be a fiction book, or nonfiction book.（一本章节书可以是虚构书，也可以是非虚构书。）

"chapter book"是按照书有没有章节来分的，而"fiction/nonfiction book"是按照书的内容来分的，两种分类是不同的。

逃逃总结的时候再次推荐了《万物简史》，看来是真爱："*A Short History of Nearly Everything* is my favorite nonfiction book, you need to read it too."（《万物简史》是我特别喜欢的非虚构书，你也应该读一读。）

扫码听逃逃怎么说

怎么给孩子选择合适的英文绘本

绘本是用简练生动的文字语言和精致优美的绘画给孩子美好阅读体验的读物。近年来，给孩子选择英文原版绘本渐渐成为亲子阅读的潮流。在与许多读者朋友交流时，我发现许多家长在一些问题上还存有疑惑，例如现在市面上英文绘本繁多，怎么选出适合孩子的绘本？英文水平一般的父母怎么陪孩子读绘本？所以我想和大家分享自己是如何从零基础开始陪孩子读英文绘本总结的一些经验，希望能给大家提供一些参考和帮助。

首先，选绘本难度刚刚好是最重要的。

在逃逃的学校，不但每天都有固定的阅读时间，而且一些零零散散的时间也会花在阅读上，比如前面提到每天的 snack time（零食时间，二十分钟到半小时），孩子们会一边吃零食，一边听老师读书。我觉得挺好。

逃逃的教室里有个图书区，准备有各种各样难度不一的书。同学们可以自己在那儿选书阅读，读完之后放回一个蓝色的大框子里，上面写着 book return（还书处）。

那怎么选书呢？他们用的是我前面讲过的 Five Finger Rule（五根手指规则），即先读一页，如果孩子不认识的单词数在三四个，就是难度刚刚好的。超过五个的难度太大，只有一两个的难度太小。

其次，如果是培养孩子的英文阅读能力，最好不选中英文双语的绘本。

我在暑假陪逃逃回国时，去书店逛过几次，我发现书架上有许多中英双语的绘本。可是，我觉得如果为孩子选择英文绘本的初衷是让孩子熟悉英文，学到更多英文单词、短语或习惯用语的话，那么最好不要选择双语绘本。这就好比看中文字幕的美剧一样，我们会不自觉地盯着中文字幕，同样孩子也会自然而然地选择自己更熟悉的文字来阅读。

其实，大家大可不必担心孩子看纯英文的绘本很困难，当他们经过大量英文阅读和比对之后，就会自然而然地理解，并达到学习英语的目的，而且父母也可以用点读的方式给宝宝解释绘本中的词语和句子。此外，在买原版英文绘本时，父母要牢记的是国内宝宝的年龄不能和原版绘本适用的年龄相对应。因为相对于国内宝宝，在英文国家成长的孩子的英文能力要高很多。比如同样是3岁的孩子，国内3岁孩子看国外3岁孩子的绘本，虽然认知程度差不多，但英文水平还是有很大差距。父母在买绘本时，不应一味相信国外原版书籍所标的阅读年龄，而要按照自己宝宝的实际水平循序渐进地买。

至于读绘本，当然是家长的陪同最重要。

大多数父母提到读英文绘本时都会很担心：自己的英语发音不准，水平也一般，怎么给孩子读绘本呢？其实，在我看来这不是关键。事实上，很多欧美人的发音也不是很标准，他们也会有地域口音，比如同样是美国人，东北和西南的口音就有差别。就像我说了几十年普通话，依然分不清前鼻音、后鼻音、平舌音、翘舌音……但这并不妨碍我与孩子沟通，也没有影响逃逃学习普通话。相信很多普通话不标准的爸爸妈妈也会给孩子讲故事，为什么换成英语就胆怯了呢？所以，完全不用纠结这个问题，关键是陪同阅读，和孩子一起坚持，帮助他养成阅读的习惯，这才是最重要的。

兴趣也好，习惯也好，都是可以培养的。特别是在培养孩子阅读兴趣的起步阶段，家长的坚持陪同很重要。

先说一个题外话。逃逃是个不怎么爱运动的孩子，为了让他多运动，我和逃爸曾经坚持了一个月，除特殊情况外，每天晚上都带他去小区游泳池游泳。从一开始逃逃只是玩水到后来每次游700—1000米，渐渐的，游泳成了他的习惯，于是轮到他每天拖着我们去游泳了……

同样，英语阅读也类似，尤其对于中文已经比较好的孩子来说，陪同阅读能给他最大的鼓励和信心。我们家长完全不用过于纠结自己的英文水平、口语发音之类，选择难度刚刚好的绘本，和孩子一起"跳下水"，坚持下去就好。

这个过程中都应是孩子的兴趣第一，不要迷信所谓经典。

抛开学知识、开眼界等功利的目的，阅读的本质在于它是一种美好的享受和一种生活态度。很多父母在选择绘本时会参考很多经典书单，这没有错，经典的书的确值得一读，可是，一百个孩子就有一百个喜好，我们没必要用"大众点评"式的思维去精确计算我们认为最适合孩子的书单。当孩子对绘本的故事内容非常感兴趣的时候，就算不在经典书单之列，不妨也让他读一读。

在这方面，我可是走过弯路的。我曾经在选书上非常用心，先会看各大育儿达人的推荐书单，然后看各大绘本大赛的获奖名单，再综合妈妈们的读后心得，最后根据自己的兴趣决定让逃逃读什么书。可就是自己的兴趣导致了给逃逃选错了书。我喜欢一些虚构类的书，很美很温馨的故事；而他喜欢非虚构类的，例如科学、历史、人物传记或者各种古灵精怪的内容。因为我自作主张，给逃逃买的书有很多他都不怎么喜欢。而同时段他自己在学校图书馆借的两本书，一本讲世界各地那些神秘洞穴的，一本讲各种神秘现象的，他读得津津有味。

当然，经典之所以成为经典也有其道理，但是经典不一定适合每一个孩子，家长要根据孩子的情况慎重选择！

孩子老盯着一两本书来读怎么办？

有些妈妈会问，孩子有时候会特别喜欢一两本书，然后一两周内都反反复复地读那一本，遇到这种情况怎么办？在我看来，这种情况实在太好了！从增加知识的角度来说，博览群书是大大有益的，但从学习语言的角度来看，精读一本、一套，比泛泛地读几十本、几十套的效果可能还要好。逃逃小时候曾经整天抱着 *Guess How Much I Love You*（《猜猜我有多爱你》）反复翻看，以至于背得滚瓜烂熟，后来我发现他说话的时候会无意识地引用里面的一些短语，好像这些短语已经植入他的脑子里了。

【逃逃说英语】之阅读培养

这种酷酷的名词描述法一定要学会

今天我们来学一种"名词 + 描述"的说法，可以很简单很方便地介绍某人、某动物或者某个角色。

比如：Perry the platypus（那只鸭嘴兽派瑞）。

Perry the platypus is a famous character in *Phineas and Ferb.*（那只鸭嘴兽派瑞是动画片《飞哥与小佛》里很著名的角色。）

Flash the sloth is driving Judy the bunny cop crazy.（那只树懒弗莱士把那只兔子警察朱迪逼疯了。）

扫码听逃逃怎么说

用KWL表贯穿阅读的三个阶段

一本好书，总是值得细品的。早在我当妈之前，朋友中就有不少"绘本狂妈"，"买买买"的频率和数量几乎超过了孩子的需求，仿佛是在满足自己看到美好事物后无法抗拒的心理，或是报复性地弥补自己小时候阅读的缺失。我当时还不太理解，后来有了儿子逃逃，才发现绘本之于孩子和妈妈，就和尿不湿一样——是刚需啊！每次看到那些构思、配图、文字都精美得不得了的绘本，我都在暗叹：要是小时候有这么好的书该多好！恨不得把这些书全部据为己有。结果，家里的绘本越囤越多，心里就只有两个字：踏实！不过前几天在一个美国教师论坛里看到这样的观点：孩子要读万卷书，但也要注意一点，对于一些经典的好书，要慢读、精读、读透，小小孩的绘本也不例外。

我也认为，读透一本好绘本的好处有很多。首先，精读意味着不错过每个细节，可以培养孩子的观察力和专注力；其次，一本经典绘本，尤其是获了大奖的，各方面的品质都很高，有精彩的故事、漂亮的配图，甚至封面、扉页都很讲究，如果让孩子精读，就会让他留意或感受到这些精致的设计，会提高他对书的质量品位，渐渐提升他的阅读品位；最后，当然是更好地掌握和理解书中所传递的知识和思想了。

一本好书，总是值得细品的。**那怎么引导孩子读透绘本呢？我想主**

要是家长得努力做到以下几点：

——提醒孩子不要漏掉绘本所表达的细节，仔细观察、阅读。

——启发孩子思考跟绘本主题、内容相关的问题。

——用表格、图画等形象的方式帮助孩子理解绘本内容。

——如果可以，准备几本和绘本内容相关、难度类似的书让孩子配合着泛读。

——设计一些动手制作环节，帮助孩子也"读"透书中的图画。

下面我们就以每位绘本妈、绘本娃都再熟悉不过的《好饿的毛毛虫》为例，来看一份逃逃上一年级时老师给我们做的详细的阅读计划指导。《好饿的毛毛虫》是美国作家Eric Carle（艾瑞卡尔）的绘本作品，它是全世界最牛的一条毛毛虫，为什么这么说呢？因为它入选了纽约公共图书馆"每个人都应该知道的100本图画书"，2001年被美国《出版者周刊》评为"所有时代最畅销童书"（精装本）第20名，还入选了美国全国教育协会推荐的100本最佳童书和"教师们推荐的100本"，也被译作30多种文字，在全世界发行。

如果你是一位宝爸宝妈，但从未听说过这本绘本，那就得补补课了。美国幼儿园将《好饿的毛毛虫》阅读指导设计为读书前、读书中、读书后三个阶，大致针对4—7岁的孩子。（也就是幼儿园到小学二年级，当然具体实施时，可以按照每个年龄段孩子的接受程度在内容上做些增减。）

阅读前，无论读什么书，一定要先留足时间好好看看封面。无论是书名还是封面图画，都是作者最煞费心机的地方，因为他肯定希望能用第一印象抓住读者的心。所以，当然不能错过一本好绘本的封面，针对这套《好饿的毛毛虫》，我们应该问孩子们这些问题：

这条毛毛虫看起来开心吗？

你觉得封面上的这条毛毛虫是怎么做出来的呢？

猜一猜它为什么这么饿呢？

你见过毛毛虫吗？摸过吗？

摸起来感觉怎样？

你摸着它的时候，它有什么反应呢？

接着，让孩子们随便翻翻书，又给他们提很多问题：

有没有发现这本书和其他书不太一样呢？

为什么书里有那么多的洞啊？

为什么书里面很多页大小也不一样呢？

作者是故意把书弄成这样的吗？这样有什么好处呢？

重点来啦，就是带领孩子们做一张类似这样的KWL图表。

其中"K"表示What we know（我们已经知道什么），"W"表示 What we want to know（我们想知道什么），"L"表示What we learn （我们学到什么）。这个KWL表非常重要，在美国，从幼儿园到小学 高年级，老师都会引导孩子使用这种阅读前策略（Before Reading Strategy）。看起来很简单，比如对于这本《好饿的毛毛虫》，无非就 是这三个问题：

K ：关于毛毛虫和蝴蝶，你已经知道了些什么？

W：关于毛毛虫和蝴蝶，你想知道些什么？

L ：关于毛毛虫和蝴蝶，你学到了些什么？

其中第一和第二个问题是在阅读前来回答的。比如，关于毛毛虫和 蝴蝶，孩子们已经知道的有：毛毛虫很可爱，毛毛虫要吃树叶，蝴蝶冬 天要回墨西哥……想知道的有：蝴蝶是怎么建窝的，毛毛虫是怎么从蛋

里跑出来的，它们有多少只腿……而第三列，学到些什么，就要等孩子
们把书读完了再来填写。

当然，一本小小的《好饿的毛毛虫》是解答不了孩子们所有的疑问
的，所以我们还应准备好几本相关的非虚构类的图书，比如科普类，都
是关于毛毛虫和蝴蝶的，能为孩子补充更多的相关知识。这应该就是对
应着咱们中文里说的"旁征博引"吧？无论学什么，我们都应该鼓励孩
子多寻找相关知识和信息，也就是说，这种带着问题找答案的能力从绘
本时代就开始培养。

**阅读时，可以带领孩子把书从头到尾仔细地读一遍，然后，抓出知
识点。**

比如，学数数。数一数这条毛毛虫每天都吃了多少食物？星期六他

吃了多少东西？和星期五比，是多了还是少了呢？

比如，和孩子一起画一个日历，标注出毛毛虫每天都做了或吃了些什么。

比如，认识物品的前后两面。书上有很多小页，分别表示水果的前半部分和后半部分，它们是一模一样的吗？我们身边的物品，它们的前面和背面都是一样的吗？哪些东西的前后两面是一样的？哪些是不一样的？瓶子？桌子？椅子？

在阅读过程中，还可以跟孩子讨论事物的变化。

绘本里毛毛虫都经历了哪些变化呢？家里的宠物（小猫、小狗）也会有这样变化吗？树会有这种变化吗？你会有这种变化吗？

阅读完成之后，和孩子们一起回顾之前填写的KWL表，由孩子们来说，家长来写，补充最后一列：我们都学到了些什么？

引导孩子们把书中有关毛毛虫变化的关键点都找出来，让他画一张毛毛虫的生命周期图。毛毛虫一生的变化是这本绘本带给孩子们最重要的科学知识。同时，描绘生命周期图也可以让孩子接触时序、流程的概念。

最后，就是动手做一条毛毛虫啦！书中的文字和传播的知识只能算绘本功能的一半，还有一半是漂亮的插画，受这些插画的启发，你不知道孩子们能做出怎样的毛毛虫呢。

读透一本好绘本最重要的意义，就是培养孩子良好的阅读习惯。读透一本，以后再读其他书时，就有方法和模式可循了。随着孩子读的书越来越多，良好的阅读习惯也就自然而然地养成了。

当然，除了孩子，爸爸妈妈也要有良好的陪读和引导习惯。我们要告诉孩子要博览群书，也要读透好书。

【逃逃说英语】之阅读培养

《牛津阅读树》中英文讲解

今天讲 *The Pancake* 这本书的第二个故事"Floppy Floppy"。

扫码听逃逃怎么说

用亲子阅读卡让孩子学会深度思考

　　早在20世纪50年代，美国教育研究中心的Benjamin Bloom（本杰明·布卢姆）教授就提出一个教育目标分类框架：Bloom's taxonomy（布卢姆的分类法）。这个框架把学习分为六个层次，自下而上依次是：记忆、理解、应用、分析、评论和创造。

　　这个框架一直在指导和影响着美国整个教育体系的教育目标和方法，包括K—12（从kindergarten 到12年级）阶段和大学。所以，即便是对学前班和一二年级的低龄孩子，老师的教学目标也不仅仅是停留在记忆、理解和应用，而是把这个框架中提到的六层目标都一一体现在教学活动的设计中。今天我给大家分享逃逃上一年级时使用的一套阅读思维引导卡片。这是一套用来指导爸爸妈妈在每次孩子读完一本书或一个故事之后要怎么和孩子讨论的卡片。对应Bloom's taxonomy的每个层次都有一张或几张，卡片上都印有适合这个层次讨论的问题。

　　比如在"Understand"（理解）这个层次，可以和孩子讨论类似这样的问题：

　　1. Can you retell the story in your own words？（你能用自己的话复述这个故事吗？）

　　2. What is this story mostly about？（这个故事主要是关于什么的？）

3. Can you draw a picture about what happened in this story and tell me about it？（你能画一幅画告诉我这个故事里发生了什么吗？）

而在"Create"（创造）这个层次，则可以和孩子讨论类似这样的问题：

Let's make up a story using a familiar book as a model, but swap out the good guy for the bad guy.

（让我们用熟悉的书做模型创作一个故事，但是要将好人和坏人对换一下。）

Take the characters from one story and put them into another. Now retell it！

（将一个故事里的角色放到另一故事中，现在讲一遍这个故事。）

这整套卡片所包含的主要指导观点，包含类似这样的问题，我已经整理如下，供各位爸爸妈妈参考。

关于Remember（记忆）。

你可以讲讲故事的开端、发展和结尾都发生了什么？

谁/什么是主要角色呢？

故事是在什么样的环境下发生的呢？（时间、地点、周围环境）

关于Understand（理解）。

你能用自己的话把故事给爸爸或妈妈讲一遍吗？

故事里主要讲的是什么呢？

你能为这个故事画一幅画，然后给我讲讲究竟发生了什么吗？

关于Apply（应用）。

能试着把这个故事表演出来吗？

你能给这个故事排个顺序吗？（这个需要爸爸妈妈做些准备，比如把故事情节做成几张小卡片，让孩子来排序。）

你觉得这个故事是不是有某种特定的模式呢？

比如，是"小人物想得到成功，但是遇到很多困难，经过不断努力，最后成功了"还是"公主受到巫婆的诅咒，后来"逆袭"找到了她的白马王子，过上了幸福快乐的生活"的模式？

这个关于模式的讨论很特别，可以帮助孩子从具体事例中抽象出一些编故事甚至写作的套路。我就曾经学着用这个方法跟逃逃讨论过为什么某些经典电影那么好看？它们都有什么共性？是不是每个角色的性格特点都不太一样，都很鲜明？是不是情节肯定跌宕起伏，往往是快到成功的时候都有坏人出来捣乱并制造惊险？

如果说上面这三个层次都是围绕着故事本身，那么，下面的三个层次，就是要跳出一本书和故事，站在一个更高的角度来思考了。

关于 Analyze（分析）。

故事里的每个角色有什么相同和不同的地方呢？

你觉得这个故事是真实的还是作者瞎编的呢？理由是什么？

是什么让某件事发生的呢？之后又导致了什么？

这个故事有没有让你想起自己的一件事情，类似的故事在你身上有发生过吗？

如果让你选，你希望是故事里的哪个角色？为什么呢？

想象如果故事里的主角到了别的地方，接下来会发生什么？他会怎么做？

故事还可能有什么其他的结局呢？

你觉得作者为什么选择xx当坏角色？

想起逃逃说有一次他们课堂上讨论过类似的一个问题：为什么在很多故事里狐狸总是坏蛋？

关于Evaluate（评论）。

这是你读过最好的或者还算好，还是不怎么样的一本书？为什么？

说一个你觉得比这本书写得好还是写得差的书，为什么？

你觉得这书是更适合小孩子还是大人看？适合男孩还是女孩看？为什么？

你觉得这个故事能拍成一部好电影吗？为什么？

你知道有其他故事书被拍成电影吗？

相比之下，你更喜欢拍成的电影还是更喜欢原书？

（这些问题真的很棒，对孩子心智成熟很有帮助。）

关于Create（创造）。

你想重新设计一个故事发生的场景（环境）吗？试试用方块或者乐高积木搭一个你想象的场景吧！

我们仿照这个故事来重新编一个吧，但是把好人和坏人要对换一下。

如果把这个故事中的xx角色，放在另外一个故事里，你觉得会怎样？说说看。

我们来把两个故事的结尾对换一下吧！

我们把这个故事里遇到的问题，放在另外一个故事里，你觉得会怎样呢？

好了，这就是一整套阅读卡片可能包含的大概内容。当然，并不是每次孩子看完一本书读完一个故事我们都要和他讨论那么多东西，而是在合适的时间选取合适的问题和孩子轻松地聊一聊。每次就抽一两张讨论看看，不用面面俱到。

通过这样的互动，你也许会发现，平时你和孩子聊什么话题的时候，他也学会用类似的问题来和你讨论了。这样就太好啦，因为我们已经在无意识中开始培养孩子良好的思维习惯，并且帮助他追求更高层次的学习目标。如果还没开始这样做的爸爸妈妈，那就试着用起来。借助这样的阅读卡，讨论本身也会变成很好的亲子活动！

【逃逃说英语】之阅读培养

牛津阅读树 1 阶段中英文讲解

今天讲的是第1阶段 *Six In A Bed* 这本书的第二个故事，叫"Get Dad"。

扫码听逃逃怎么说

读一本小书美国老师竟然要教两周

分享完关于美国老师经常使用的阅读卡这个工具，我想很多朋友可能对美国老师们具体怎样教孩子们读绘本更感兴趣了，他们和我们国内老师上英语课一样吗？是给孩子读完了就完了，还是会讲解单词或者做些什么活动来帮助理解？

为了让大家有更直观的感受，我就以美国小学二年级真实的绘本学习课为例，讲讲美国小学是怎么上阅读课的！

Mrs. Miller（米勒太太）是小学一年级老师，她班上有20位小朋友，在新学年的教学计划中，她将用接近两周的时间带孩子们读 *Stone Soup*（《石头汤》）这本绘本。也许你会想：什么？一本绘本不是10分钟就讲完的事吗，两周是不是太夸张？别着急，看完之后也许你会感叹"慢即是快"！

首先说一下背景，*Stone Soup* 是一个非常经典的故事，有很多版本，其中以马西娅·布朗的版本最为著名，曾于1948年获凯迪克奖银奖，是美国纽约图书馆推荐的"每个人都应该知道的100本图画书"之一。

各个版本的故事，主人翁、场景不尽相同，但基本上都是一个模式：一个很饿的人向村民寻求帮助，一开始总遭到拒绝，于是他说其实我只需要一锅水、一把火和一块石头，我可以煮石头汤。出于好奇村民同意了，当然，为了汤的味道更鲜美一点，他还需要一点佐料，比如盐和胡椒什么的，当然有一点胡萝卜会更好……卷心菜、土豆、牛肉配一些也不错……最后，一锅美味的"石头汤"就做成了。

这个简单的故事，美国老师为什么需要讲两周呢？

因为老师带孩子们先不读这本书，而是聊聊喝汤。

老师会说："我们今天准备要开始读一本关于汤的书，所以来聊聊喝汤。大家都喜欢喝什么汤呢？"

孩子们七嘴八舌，说了不少，老师一一写下来。接着，老师引导大家说说每种汤大概是用什么做的，比如chicken noodle（鸡汤面）是chicken（鸡）和noodle（面条）组合成的……老师会把孩子说的材料也写下来。

说完做汤的材料，老师开始分别统计孩子最爱喝的是哪种汤，还做了一个以"Fancy That, Our Favorite Soups（你能想象吗？我们最喜欢喝的汤）！"为标题的tally chart（统计表）。顺便提下tally chart是美国课堂上孩子经常用来记数的工具，四个竖条和一个斜条表示5，类似于我们按"正"字的笔画计数。

第一个阶段，展现了老师们高超的阅读引导技能：从和绘本有关的生活场景切入，自然地把孩子引入书中的环境。

接着第2堂课，老师带孩子们只看书名，然后猜内容。

聊了喝汤的内容后，老师将几个版本的《石头汤》绘本都拿出来，告诉孩子这是一个非常经典的故事，大家可以只看标题，然后猜猜大概是讲什么内容的，想一想这样的"石头汤"会好喝吗？等孩子们讨论完，老师还会留一个作业：这个标题究竟好吗？同学们可以等读完了绘本再来讨论。

第二个阶段，老师进一步展现了阅读引导技巧：让孩子站高一点，不只是读书，还要去评价书好不好，写得怎么样，等等。

既然这个绘本有这么多版本，那就得先说说作者了。

Mrs. Miller总共给孩子们找了5个版本的《石头汤》。在读书之前，她先要让同学们熟悉这些作者：他们分别生活在什么年代？有过什么成就？除了《石头汤》还写过其他什么书？

记得小时候，我也看过很多书，都是把故事情节稀里糊涂看懂了，但根本没有留意作者或者书中的插画师之类的都是谁。美国老师特别注重讲这个点，所以很多孩子通过这样的课，会找到自己喜欢的作家，等他们自己再买书或借书时，往往首先会去看看自己喜欢的作家有没有什么作品。

第三个阶段，老师展现的阅读引导技巧：作者是个很重要的信息，要记得养成留意信息的习惯，有自己喜欢的作者，也就有了自己选书的品好和调性。

接下来，才正式开始阅读本书。

Mrs. Miller把几个版本的《石头汤》都给孩子们读了一遍，然后展开了非常热烈的讨论。大多数的问题和我前面文章里提到的阅读卡问题类似，另外还有专门针对这个故事的讨论问题，比如：这5本《石头汤》的主角和故事情节有什么相同和不同的地方？为什么会有这些不同？跟作者的写作喜好有关系吗？跟作者生活的年代／生活环境有关系吗？你最喜欢哪个版本？为什么？

第四个阶段的阅读引导要点：对那些特别经典的绘本故事，有条件的话不妨多找几个版本让孩子来比较一下。还是那句话，除了读书，还

要让孩子用他的理解和眼光去评价书。

给孩子们通读了绘本的几个版本之后，接下来是精读，抓住重点。

Mrs. Miller 选了 Ann McGovern（安·麦戈文）写的这本和同学们一句一句地精读。并把一些重点词汇写在白板上，主要是学习一些形容词加名词的表达，比如：round gray stone（圆的灰色石头）、yellow onions（黄色的洋葱）、long thin carrots（长长瘦瘦的胡萝卜）、juicy beef bone（多汁的牛骨）……同时会让同学们想想还有什么东西可以用来做汤，并按这样的格式一一写下来。

绘本中多次出现的这句："Fancy that？"（你能想象吗？）老师也专门列出来和同学们一起夸张地练习。

这个阶段的阅读引导要点：每次学一种表达、一个句子，积少成多。

好了，书读完了，重点也抓住了，下一堂课做什么？

"写书不难嘛，大家也写一本！"

Mrs. Miller 的第 6 堂课，她让同学们也来写一本自己的《石头汤》！首先是书名，经过讨论，大多数同学都觉得"石头汤"是个好题目，可以引起人们的好奇；据说还有个孩子说"石头汤"这么有名，管它是不是个好题目，跟着用没错，这样别人问"Siri"（苹果手机的智能语音助理）《石头汤》的时候就会把我写的也找出来。（是不是惊讶坏了？孩子的潜能真是无穷尽啊！）当然也有些孩子喜欢标新立异，觉得"石头汤"听起来太忽悠人，也不好喝，所以要换一个。

阅读深入到这个阶段的引导要点：让孩子自己动手写一写，这一下书就算彻底读透了。当然还不会写字的小朋友，也可以用画画的形式代替。

书读透了，自己的书都写了，下一步干吗？

"这么好喝的'石头汤'，咱们也来做一锅。"

听到 Mrs. Miller 的话，小朋友们当然要开心得跳起来了。想做一锅汤，少不了要列购买清单，包括每样物品的数量、价格、预算等。

你猜对了，这堂绘本阅读课已经将孩子们从阅读、写作转战到第 7 堂课：教数学。

一切准备就绪之后，老师会和几位志愿者家长一起，带孩子们浩浩荡荡地往超市进发。孩子们又是一轮称重量、比价格、算花销，Mrs. Miller 表示很满意，这周要掌握的数学知识点都用到了。

东西都买回来之后，数学课又马上转为第 8 堂课：厨艺课。

各位小朋友大显身手。很快，一锅热腾腾、香喷喷的"石头汤"出锅了！

最后这个阶段的难度太高了，我只能说，在家就尽力而为吧，我们可以每月找一个周末全家一起这样来读绘本并实践。

绘本能读出那么多名堂，是不是有点震撼啊？这在某种程度上得益于美国低年级的教学是不分学科的，同一个老师得兼顾语文、数学、科学、社会好几门课程。我们有时开玩笑说美国孩子的数学是语文老师教的，不过就这个案例看来，这种方式大有好处。你会发现，老师在教这本绘本时，并没有受某个学科的限制，而是兼顾方方面面，凡是她觉得这个年龄的孩子可以接受、理解的知识，都包含在她的课程设计里面。

既不像在教语文，也不像在教数学，这不也正是我们爸爸妈妈在家庭教育中该做的事情吗？凡是对孩子有用的，能帮助他认识世界、启发思维的，我们不是都应该和他聊聊吗？

绘本的世界，这一下，你该能和孩子一起读透了吧！

【逃逃说英语】之阅读培养

牛津阅读树 4 阶段中英文讲解

今天讲的是第4阶段 *The Raft Race* 这本书。逃逃和爸爸继续讲解《牛津阅读树》的 *Read At Home* 系列！他们会把1—3阶段和4—6阶段穿插着读，以方便不同程度的小朋友听众们。

扫码听逃逃怎么说

小贴士：入门＋中级英文绘本推荐

5本入门级经典英文绘本，适合零基础，刚开始涉猎英文绘本的孩子：

Counting Kisses（《数数亲吻宝宝的次数》）

推荐理由：非常甜蜜的亲子绘本。

这本书很适合睡前阅读，翻开第一页："My dear little baby, do you need a kiss？（我的小宝贝，你要亲一下吗？）"甜蜜的孩子这时候估计已经凑上来给你一个吻了，从第一个kiss到第十个kiss，从前额亲到脚趾，从脸蛋亲到耳朵，最后"it's time to sleep（到睡觉的时间了）"。

睡前被这样亲过的孩子，睡着了也能做个香香甜甜的好梦吧！

No，David！（《大卫，不可以！》）

推荐理由：第一本学规矩的绘本。

当David爬上椅子去够高处的糖果罐时，当他玩泥巴跑进屋子不洗手时，当他把锅碗瓢盆敲得噪音震天时，妈妈总是说："No，David！"但最后妈妈还会说："Come on here. Yes，David！（到我这儿来。对的，大卫！）"妈妈的拥抱永远都是"Yes"，伴随一句永远不变的"I love you（我爱你）"。

很温馨的小故事，规矩当然要做，但是做完规矩一定要给孩子一个大大的拥抱，并让他明白父母的管教是就事论事，但对他的爱却是永恒不变的。

Goodnight Moon !（《晚安，月亮！》）

推荐理由：非常温柔非常暖。

这是第一本很适合孩子的绘本，美国的小小孩几乎人手一本。故事非常有想象力，行文也很温柔，越读就忍不住越轻柔起来：晚安月亮，晚安跃过月亮的牛，晚安小房子，晚安小老鼠，晚安周围的一切喧闹，晚安宝贝！

Brown Bear, Brown Bear, What Do You See ?（《棕熊棕熊，你看到了什么？》）

推荐理由：朗朗上口，是很多小朋友的第一本书。

棕熊棕熊，你看到了什么啊？看到了黄色小鸭！鸭子鸭子，你看到了什么啊？……最后他们都看到了一个小朋友，小朋友看到了所有的动物！

这本书有很多种读法，在这里分享两个特别喜欢的读法。第一种是用唱的，用《一闪一闪亮晶晶》的旋律，正好能把每一页都唱出来；第二种是可以穿插着学动物的叫声，黄色小鸭说什么啊——"quack, quack"，象声词的加入会让阅读变得格外有趣。

Pat the Bunny（《拍拍小兔子》）

推荐理由：每一页内容不同，材质也不同，小小孩会有很好的感官体验。

"Paul（保罗）和 Judy（朱迪）是两个小朋友，他们可以做很多事，你也可以！"充满自信的开场白，开始了这本体验丰富得不得了的小书。你可以拍拍小兔子，兔子的毛是真实的，可以感受一下兔毛的柔软；你可以玩躲猫猫，这一页上有一个蓝色的布，可以掀起、放下，玩躲猫猫这个游戏；你也可以照镜子，最后一页真的有个软镜子，你看到镜子里的自己了吗？

5本有趣的中级难度的英文绘本，适合有一定阅读基础的孩子：

《菲菲生气了》

推荐理由：引起孩子的情感共鸣，给他们良好的暗示。

生活中，孩子之间经常会因为争抢玩具等事情闹矛盾，故事中菲菲的情绪变化过程描写得非常逼真，能引起孩子的情感共鸣，给他们良好的暗示。

我们应结合日常生活，引导孩子正确对待自己的情绪，设法摆脱愤怒的情绪，重新使自己快乐起来。

《神奇的窗子》

推荐理由：2006年凯迪金作品。

窗上闪烁着一份好奇、一份惊讶、一份清澈的憧憬；连在窗上跳舞的魔法都温暖感人——这是一扇神奇的窗子，里面装满爱，装满魔法。

让我们一起聆听，一起感受。

《凯，你能行！》

推荐理由：帮助孩子建立自信心。

凯在别人的眼里是一个很差劲的人，做什么都要出错，但不管怎样，他始终不放弃自己，认为自己能行！

这是一句培养孩子的最简单和有效的心理暗示语言："xx，你能行！"

《大脚丫跳芭蕾》

推荐理由：让孩子充满热情去做事的故事。

一个叫贝琳达的女孩很喜欢跳芭蕾，而选拔会的评委嫌她的脚太大而拒绝看她的表演。她只好放弃跳舞，找了一份餐厅的工作。有一天，餐厅里来了一个乐团，在他们美妙的音乐里，贝琳达情不自禁地跳起舞来，她跳得美极了，餐厅的客人越来越多……最终，她回到了舞台，开始为更多的人跳舞。贝琳达很快乐，因为她可以做自己喜欢的事，至于那些评审们会说些什么，她一点也不在乎。

《小房子》

推荐理由：让孩子领略生命与自然之美。

小房子每天站在山冈上看风景，除了日月星辰和四季的变化，小房子还看到乡村的景物随着修马路、开商店、盖高楼、通地下铁等而一点一点地改变。结果，小雏菊和苹果树不见了，取而代之的是都市的乌烟瘴气和行色匆匆的人们。还好，小房子主人的后代发现了小房子，把她移到了乡下，她又可以静静地欣赏大自然的风景了。

Part 3

影响孩子一生的思维力，
我们怎么教

用 mind map 将好点子 "挖" 出来

哈佛大学有一个名字很有意思的项目组，叫 Project Zero（零项目计划组），一直致力于艺术、理解、思维、创造力方面的研究，其中有一个非常重要的研究项目：visible thinking（可视化思维）。其目标是为 K—12（从学前班到高中）的教育工作者提供工具和方法，让他们在课堂中帮助孩子们更好地表达自己的思考。它很大的一个作用是把每个孩子自己没察觉到的、蕴涵于自身的好点子可视化，帮他们把这些信息 "挖" 出来。思维可视化的工具有很多，出现在美国小学课堂上最多的可能就是 thinking map 和 mind map 了，它们都被翻译成 "思维导图"，其实这是两套不同的思维工具。我先着重介绍一下 mind map。

什么是 mind map 呢？ mind map 的概念是英国脑力开发专家托尼·巴赞在 20 世纪 60 年代提出的。它是一种和人的大脑思考路径很类似的图示法，有三个关键词：一张纸、两个词、左右脑。一张纸是指所有的东西都是画在一张纸上。两个词就是 imagination（想象）和 association（关联）。imagination 帮助你不断地发散新思维，而 association 是与你大脑里已有的信息建立各种各样的联系，让新的信息附着得更好。大家可以看到许多人画的工作 mind map，一般都是花花绿绿、特别漂亮的，那是因为它会用到很多颜色和图画。我们的左右脑各有分工，左脑管逻辑、条理和分析，右脑管各种感官体验，比如色彩、节奏、感受、想象、肢体动作等。

mind map 的核心就是在理顺结构和条理的同时，给信息赋予鲜活的感官体验，所以它一定是丰富多彩的。

怎么画 mind map 呢？

制作一份 mind map，只需要一张白纸、一些水彩笔（或者其他种类的彩色笔）、你的大脑，还有想象力。第一步：Start in the center（从中心开始）。第二步：Use an image or picture for the central idea（用一张图片或照片表示主题）。第三步：Use colours throughout（多用颜色）。第四步：Connect your idea（链接你的想法）。第五步：Use key words（加些关键词）。第六步：Use imagines（添些图片）。

其实画 mind map 就这么简单，只需要这几步。这里我用一个逃逃曾经实践过的案例做具体展示。

那次学校给逃逃布置了一份作业。

主题：全城你最爱去哪儿？做一个它的建筑模型。

具体要求包括：

1.去参观一次这个城市里你最喜欢去的地方。

2.做一个它的建筑模型，像鞋盒子那么大就好了。

3.给班上的同学们做个演讲分享。

逃逃选择参观 Hobby Lobby（好必来），就是一个专门卖装饰品和一些手工制作材料的商场。在开始之前，逃逃用 mind map 画了下做这个项目大概需要的流程。

　　首先，中心点画出任务主题——hobby lobby这家商店。然后在四个角画出来几个分支。

　　右上角画一个"plan（计划）"的分支，它包括一个"plan"（表格），标示出逃逃计划未来一周需要做的工作；还有一个"list"（列表），这个list将用来列出制作需要的一些工具和材料等。我发现美国这边的孩子做计划、列清单的意识特别强，可能就是跟他们经常做这类项目实践有关。

　　左上角画一个"visit（参观）"分支，表示他将要去hobby lobby参观。那么需要和妈妈约好时间，于是在第一排他画了一个妈妈，然后旁边还画了一个日历，表示需要和妈妈确定时间。要去参观肯定还要开车，他接着又画了一辆车。

　　右下角画一个"make（制作）"分支，是制作环节，也包括了好几个子分支。他认为制作过程中需要用google（谷歌）搜索某些东西该怎么做，画了google的标志；又画了一个人代表他自己，手里拿着个计划表，表示他要按照计划去实施；接下来还有一个橙色的分支，我刚开始没看懂，问了逃逃才知道他是表示模型要有更多的装饰，所以他画了一些要用于装饰的东西；再下面紫色的一个分支是"Siri"，就是iPhone里那个智能语音助手，逃逃平时有什么不懂的很喜欢问它。

　　左下角是"show time（表演时间）"分支，代表他要给同学做分享演讲，这个分支也分成了两部分，右边一个蓝色的分支表示他要给同学们展示他做的模型，左边绿色的分支他画了一些思考的泡泡，表示除了要给同学们展示他的模型之外，还要好好讲一下他是怎么做的。

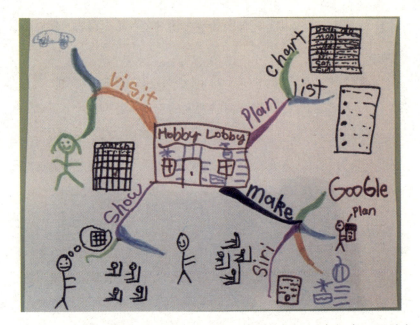

关于逃逃用 mind map 来做实践项目计划的例子还有很多，同时生活中有许多思考也可以随时 mind map。

比如每天有不一样的天气。我的家有爸爸、妈妈、兄弟姐妹……

用这么一张图，是不是比一条一条地列提纲能让孩子们更愿意投

入，更积极地思考呢？

各位爸爸妈妈平时和孩子讨论问题的时候，也可以试试这样的方式。

其实生活中有很多情况可以培养孩子的这种思维习惯，比如我们可以让孩子思考怎样能让身体更健康？实施哪些措施可以让家里更节能？对于年龄还比较小的孩子，可以从小处着手，让他们思考怎么让周末要来的爷爷奶奶更开心……类似这样的话题，都可以和孩子一起试试看。

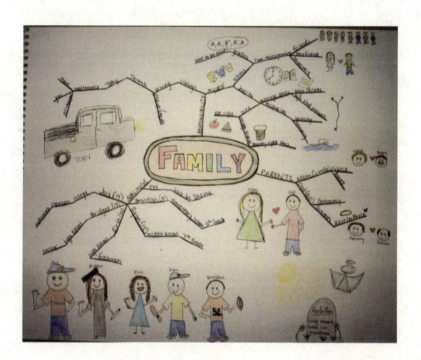

【逃逃说英语】之韵律

做蛋糕

原汁原味的韵律是孩子学英语时期最好的磨耳朵材料。逃逃在美国上学前班时，老师每周都会发下来一两首韵律，要求家长和孩子一起学习。在逃逃的帮助下，我仔细整理了他学前班整一年的材料，将会在接下来的时间里定期和大家分享。

今天是我们的第一期，这首韵律是pat a cake，我和逃逃来给大家做个示范，如何正确有效地使用这些材料。

扫码听逃逃怎么说

美国孩子能说会道全靠一张气泡图

前面介绍了mind map，在接下来的几节里，我主要给大家分享一下美国老师经常使用的另一种思维训练工具——think map。

一天下午，逃逃和几个同学在家里玩，中途有一位小朋友跑来问我他们能不能下载一款叫Agar（细胞大作战）的游戏。一听是游戏，我迟疑了一下，他也看出了我的疑虑，立马开始向我推销："这款游戏挺好的，动画做得漂亮，而且一点都不暴力血腥……"说着说着索性在我书桌上拿起一张草稿纸开始画气泡图——中间一个圈圈表示他要下载的游戏，然后引出一堆气泡，每个气泡都代表这款游戏的一个优点。这招很奏效，我很快就答应了。

在逃逃的同学中，我经常能遇到这些能说会道的孩子，和他们聊天不会觉得他们幼稚，反倒会被他们发散性的思维和清晰的条理折服。这和他们长期受到的思维训练有关，能想清楚问题自然就能说清楚。

为了帮助孩子们思考，美国老师经常使用的一套think map工具中，对低龄孩子更实用的，就是气泡图。逃逃上小学这两三年，画过的气泡图还真不少。我们家长应该都有这种体会，平时我们把想要做的事一条条地列出来，做一个清单会对我们提高效率很有帮助。同理，孩子们学着把自己零散的想法画出来做成一幅图，对他们清晰表达想法也会有帮助。

我今天和大家分享的气泡图，其优点就在于它能保证思考的自由度和有效性，不仅能让孩子们的思维尽可能地发散，还随时提醒他们一个规则：所有发散的气泡都需要和中心点相关。

不同年龄段的孩子适用不同的气泡图，我先分别给大家介绍两种不同的气泡图：bubble map（气泡图）和 double bubble map（双重气泡图）。

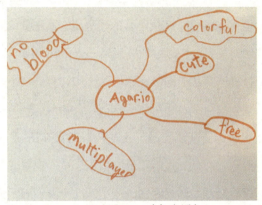

bubble map（气泡图）

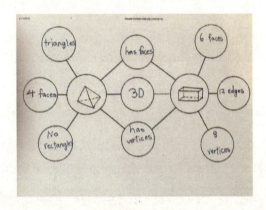

double bubble map（双重气泡图）

先说 bubble map。它是低龄（一年级以下）孩子用得比较多的思维导图形式。结构很简单，逻辑只有一层，特别适合低龄孩子多维度地思考问题，找出事物的多种特征，锻炼发散性思维。

例如，我们可以让宝宝来画一个自己的气泡图，先让他想想自己有什么特点，聪明？勤快？会收拾玩具？晚上不肯睡觉……然后分别写到画的气泡中。

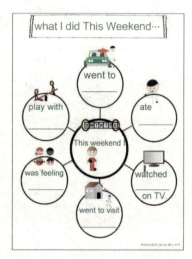

除了描述人或物品的特点外，气泡图还可以用来帮助孩子说清楚一件事情，比如"周末做了什么"。对于比较小的孩子，很多都还不知道该如何有条理地表达自己，所以爸爸妈妈可以用气泡图来一边说一边画一边写，帮他分成几个维度：went to……（去了哪里）、played with……（跟谁玩了）、ate……（吃了什么）went to visit……（参观了什么）、watched……on TV（看了什么电视节目）、was feeling……（感觉怎样）。

有了这几个维度，孩子的思路慢慢理清了，话匣子也就随之打开了。

气泡图就是这么神奇，孩子去参加了什么活动，感觉怎样是开心、紧张，还是累趴了？多和他一起画画看，你会发现他会越来越完整，也越来越清楚地表达自己。

再说double bubble map。它适合年龄稍微大些（一年级以上）的孩子，这种较为复杂的气泡图可以帮他们清楚地认识两种事物的异同。比如在比较苹果和南瓜的异同时，可以用这种方法很直观地展示：它们都有种子，都是圆的，而苹果长在树上，南瓜是长在藤上……

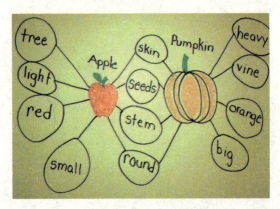

在生活中，我们可以用双重气泡图的方法让孩子养成有条理思考的好习惯。比如引导宝贝用画图的方式比较他最爱吃的蔬菜和水果，比较圣诞老人和精灵，比较孙悟空和猪八戒，比较Obama（奥巴马）和Romney（罗姆尼），也可以比较自己和最好的朋友……

在美国待久了我发现，其实很多老美家的孩子并不一定特别聪明，也不见得反应很快，但他们说话做事就是一副很自信的样子，很多事都有自己特定的认识逻辑和观点，这或许就跟他们从小受到的这些思维训练有关。

美国孩子成长学习过程中用于思考的think map工具，一整套有八种不同的模型，而气泡图和双重气泡图是低龄孩子用得最多的两种，其余的模型我在后续的内容中再慢慢和大家分享。

【逃逃说英语】之韵律

小小蜘蛛儿

Itsy bitsy spider

Went up the water spout

Down came the rain

And washed the spider out

Out came the sun

And dried up all the rain

So itsy bitsy spider

Went up the spout again

小小蜘蛛儿

爬上排水管

一场雨下来

冲下小蜘蛛

太阳出来了

晒干了雨水

小小蜘蛛儿

又爬上排水管

扫码听逃逃怎么说

早就想出答案了，老师却要求他们画框

那天送逃逃出门去上钢琴课前，我看还有十来分钟时间，就让逃逃先把作业做了，结果等了半天他都没做完，于是我决定去他房间看看是不是遇到什么麻烦了。

"有什么搞不懂的吗？"

"哦，没有，我的框框还没画好呢……"我看了下题目，并不复杂："I put a number in the box. It is between 25 and 30. It is an even number and it is not 26. What number is it？"（在盒子里放了一个数字，它在25和30之间，是个偶数但不是26，猜猜这个数字是多少？）

对于二年级的孩子来说，这不是分分钟就能完成的吗？可他却花了很多时间画框框，还傲娇地说："不能直接写出答案，要把得到答案的过程一步一步地画出来才行。"

这是我在他平时的功课中见得最多的一类思维导图——flow map（流程图）。主要用来列举顺序、时间过程、步骤等，其中每个框框表示事情发展中的一个步骤，它能够帮助孩子解释一个事件发生的顺序。

其实这个流程图我们大多数大人应该不陌生，平时工作时多多少少会看到或用到。而在美国的教育体系它被引入得很早，在孩子上学前班甚至更早的幼儿园时，就开始接触这些图了。只要孩子能涂涂画画，不会写字也可以用。

这跟孩子们学写作是一样的。逃逃刚开始学写作的时候，学校发的作业本就分为上下两部分，上面用来画图，下面用来写字，不太会写字的时候就借助图画来一起表达自己的意思。

那么美国老师都让孩子们用流程图来做哪些事呢？

首先是理清事情发展的步骤。

学前班小朋友用它来画怎么冲一杯巧克力奶的流程：要先准备一个杯子，然后往杯子里倒巧克力粉，接着再往杯子里倒牛奶，最后搅拌搅拌，四步就成啦！

一年级的孩子们学习动植物的生命或生长周期时，这个 flow map 也特别好用。看看这位小朋友画的苹果生命周期流程图：种子 → 花 → 苹果树（这位小朋友是不是搞反了啊？应该是先有苹果树还是先开花呢？）→ 苹果 → 摘下来放篮子里 → 做成香喷喷的苹果派！

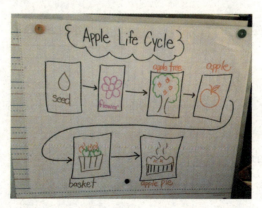

同样的，孩子每天早上从起床到上学都要做哪些事，是什么顺序呢？可以试着让孩子画出来。

其次，指导阅读理解和分析。

逃逃学前班的老师 Mrs. Keller，和小朋友一起读了一个关于小猫咪把厨房弄得乱糟糟的故事。读完以后，老师给每个小朋友发了一张印有故事中5个情节的练习纸，让大家把它们分别剪下来，然后按照故事发展的先后顺序用flow map的方式贴好，并画好箭头的流向。小朋友可以贴正确的话，就说明他已经读懂故事的内容啦。另外，也可以先给孩子一个有beginning（开端）、middle（过程）、end（结尾）的模板，让孩子读完故事后直接在里面涂画或写字哦，那就是开始做写作初期启蒙了！

爸爸妈妈可以和宝贝一起选读一本书，读完之后，也各自画个故事情节流程图，看看孩子眼中的这个故事和我们眼中的是不是完全一样？

画流程图，也有利于孩子学习历史小故事。

逃逃在学前班时，曾经用flow map画过感恩节的来源。很久很久以前，一群欧洲人搭着May flower（"五月花"号）漂洋而来，在美洲当地印第安人的帮助下学会了种庄稼来养活自己，从此安稳地生活下来。为了感激，他们就在感恩节这天做了顿大餐，邀请帮助过他们的人一起来开派对。

等逃逃上二年级的时候，有一个课堂作业是学习Veterans Day（美国这边的一个节日，叫"退伍军人纪念日"）的由来。虽然看起来就有点复杂，但逃逃还是把它有条理地画出来了。他按时间轴的排序来画，这也算是flow map的一种。

我们的传统节日端午节、中秋节都有什么传说呢？爸爸妈妈可以和孩子一起画画，如果觉得太复杂，可以给孩子讲个简单点的故事，比如猴子捞月亮、曹冲称象之类的，然后和孩子一起画出故事的发展顺序。

流程图非常有利于表达逻辑思考的全过程，比如用来解决需要逻辑推理的数学题。在做题过程中，仅仅把结果写出来不算，更重要的是要把思考的步骤画出来。这个过程锻炼了孩子的逻辑思考能力，对孩子以后的分析、推理、思考都有很大帮助。

我发现很有趣的一点，老美特别擅长把一些抽象事物形象地表达出来，比如迪士尼的动画片 *Inside Out*（《头脑特工队》）就是这样，开场几分钟就把观众震撼到了——抽象的快乐、悲伤、愤怒居然能那么形象地表达出来。

思维导图也一样，能让我们把脑子里面的东西拿出来，摆在纸上，让它看得见摸得着，这样能更方便我们了解自己的思路，也更方便和别人交流。

好啦，还是那句话：画清楚了就能想清楚，想清楚了就能说清楚，说清楚了以后也就能写清楚了。

【逃逃说英语】之韵律

滴答滴答滴

Hickory, Dickory, Dock

The mouse (snake, squirrel, cat, monkey, elephant) went up the clock

The clock struck one (two, three, four, five …)

The mouse went down

Hickory, Dickory, Dock

滴答滴答滴

老鼠（蛇，松鼠，猫，猴子，大象）爬上钟

钟敲了一下（两下，三下，四下，五下……）

老鼠爬下钟

滴答滴答滴

扫码听逃逃怎么说

没列入教学大纲却影响孩子一生的8张图

逃逃上小学后，我发现他们学校没有统一的教材，大多数课程是老师自己设计的，所以即使是在同一个学校同一个年级，不同班级之间的教学内容都会不一样。当然，他们是有一样的教学目标的，即每个年级孩子们必须掌握什么知识点，也就是我们熟悉的"教学大纲"。

每周逃逃的老师会以邮件的方式给我们家长分享孩子们这周学到的知识点，如果单看这些知识点，是不知道他们还学了什么thinking map的内容。比如老师通常会写这周孩子们学习了南瓜的各种特性以及比较了南瓜和苹果的不同，但基本不会提到他们是用画气泡图的方式来学习南瓜的特性，又是用双重气泡图来比较南瓜和苹果的。又比如老师通常会说这周教孩子们学习了小鸡的生命周期，但也不会提到他们是用流程图来表述的。

thinking map，没有专门的教材也没有列入教学大纲，它更像老师们教学的common sense（常识），一直在用，一直在教，但很少提及。我想也许是因为这些老师们从小也是这样学过来的，都变成无意识了；但这些无意识的影响却极大。

我接下来便要分享还没有介绍过的、孩子日常学习和思维中会用到的另外5种思维导图。其中有些图我们家长并不陌生，也许平时工作都会用到，不过现在关键是要看看，怎么才能把这些图用在孩子感兴趣的话题上，引导他的思维。

第一种是circle map（圆圈图），主要用于联想。

它有两个圆圈，里面的小圈圈是联想的主题，而外面的大圈圈是用来记录任何和主题有关的东西，所以特别适用于低龄孩子边想边画。比如学前班的小朋友，可以联想农场里有鸡、鸭、羊等各种动物，还有谷仓等。

又比如可以画一个关于苹果的一个圆圈图，由苹果可以想到种子，可以想到新鲜、甜的、绿色的、黄色的、苹果派、正在生长的苹果树……其中有描述苹果特征的，也有和苹果相关的事物，它们类型不同，但都有个共同的特性：和苹果有关。而我们其实就只需要问孩子一个简单的问题：关于苹果，你能想到什么呢？

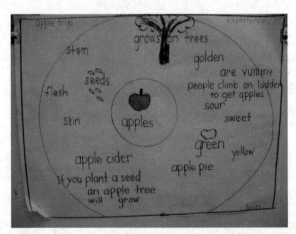

第二种是tree map（树型图），主要用来对事物进行分组或分类。

在最顶端，写被分类事物的名称，然后下面一个次级写出各种类别，在对应的类别下写出对应的事物。这适用于孩子用来整理归类自己掌握的知识。

这样动手画一画、贴一贴，这些知识点是不是就更清晰了呢？而且，会启发孩子想得更多。

第三种是brace map（括号图），主要用于分析、理解事物整体与部分之间的关系。

brace map中，括号左边是事物的名字或图片，括号里面描述物体的主要组成部分。这类图可以帮助孩子理清一个物体整体和其各个部分之间的关系。

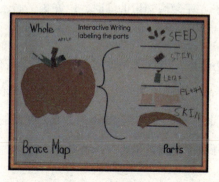

第四种是multi-flow map（复流程图），用来帮助孩子思考一个

事物产生的原因和它导致的结果。

在中心方框里面是重要的事件，在左边画事件产生的原因，右边画事件的结果。比如南瓜种子是怎么产生的？得有阳光，有水，有泥土！它能产生怎样的结果？它能长成用来雕刻的南瓜，可以做成南瓜派，还能做装饰……我们要鼓励孩子尽量去多想原因，也多想可能产生的结果。

逃逃上一年级的时候，老师教他们学习了马丁·路德·金著名的演讲 I Have A Dream（《我有一个梦想》）之后，给孩子们布置的作业：原因是什么？哪里出错了？马丁·路德·金做了什么？结果怎样？

画这张图，让孩子复习知识的同时，也许孩子们还会有让人惊喜的答案！

最后一种是 bridge map（桥型图），主要用来进行类比和类推。

在 bridge map 桥型横线的上面和下面，写出具有相关性的一组事物，然后按照这种相关性，列出更多具有类似相关性的事物。它们有一个共性，就是上下两个事物的关系是一样的。

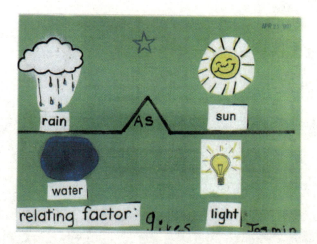

　　thinking map主要目的是帮助孩子把思考的过程、结果整理清楚，表达清楚。我们常说写作中很重要的一点是文章的逻辑要清楚，那么逻辑有三种：演绎、归纳和类比，在thinking map中都有对应的工具可以体现。

　　演绎指的是从一个点向外扩散到无穷多个点，比如圆圈图、气泡图、双重气泡图；归纳是指从无穷多个点汇聚到一个点，比如复流程图；而类比则是水平线性的，比如桥型图。thinking Map的8种思维图都已经分享完了，看着简单，重在运用。作为父母，在生活中我们应该留心观察，引导孩子把thinking map用起来，在这个过程中，我们会不自觉地发现孩子在一点一点进步哦！

【逃逃说英语】之韵律

嘿，摇啊摇

Hey diddle diddle

The cat and the fiddle

The cow jumped over the moon

The little dog laughed

To see such fun

And the dish ran away

With the spoon

嘿，摇啊摇

小猫拉起了提琴

大母牛跳到月亮上面

小狗看到这些大笑起来

盘子和勺子一起奔跑

扫码听逃逃怎么说

常用思维导图能让孩子变聪明吗

前面分享了一系列关于thinking map的文章，现在来做个总结。

David Hyerle博士在1988年开发的这一套帮助学习的语言工具，是用来进行建构知识、发散思维、提高学习能力的，主要的8种类型，**分别对应人在思考时的8种思维过程，可以培养孩子阅读、写作、数学、逻辑思考等方面的能力。**

很多朋友都说其中好几种图都让大家有耳目一新的感觉，但thinking map的作用究竟在哪里，能帮助到孩子什么呢？它真能挖掘大脑潜能，使孩子变聪明吗？**这个问题其实很难回答，得看你对聪明的定义是什么，也许只能说，thinking map很有用，但它的主要用途并不是提高我们思维的开放度、创造力和深度。**

thinking map可以帮助我们在有想法的前提下，去整理和归纳自己的想法，让它变得更清晰。它是一个工具，一套方法，甚至可以说是一种技巧。但是，如果你本身没有思想的话，无论有多好的方法和技巧，可能都是白搭哦。就像有人说摄影用的镜头很重要，但最重要的，还是镜头后那个头。

这跟写作文是类似的道理，写作有很多技巧，像我这样开公众号写微信文章的同学，就会收集参考很多"大牛"整理出来的方法，比如标题要吸引人，让人有种不看就亏大了的感觉；比如要有转发冲动，要让读者觉得和他相关；再比如文中最好有一两句有内涵有深度的话能让读者直接拷贝、粘贴、转发，既省事又显得高大上……但这些都不是最根本的。因为无数次现实告诉我，如果哪篇文章没思想、没"干货"、不走心，无论怎么整理重组、包装得再花哨再华丽，结果都是——没人看。

thinking map就是一套工具，它本身并不能给你提供内容和思想。而怎么才能累积思想，变得更聪明呢？

首先，什么是聪明？翻看词典可以看到：聪明实指六根之二利器，耳聪目明。也就是听得多、看得多，自然就聪明了。**脑子里的"货"得足够多，这是一切思考的源头，而怎么获得这些"货"呢？这个真没什么捷径，还是得靠笨方法，得多读书，多实践。**

在国内很多父母也会从小培养孩子的阅读兴趣，将绘本一大筐一大筐买回家，但往往在孩子上了小学之后，阅读量就渐渐降了下来，可能是作业增加了，也可能是参加了更多的课外活动，这让一些孩子小时候养成的阅读习惯渐渐丢失，真的非常可惜。所以希望我们可以将孩子的阅读进行到底，也许阅读不会让孩子一两次的考试有明显的提升，但长期的积累总会有一天让他的思想爆发。

阅读往往是读别人的故事或者读别人写的道理。而亲自动手实践则会让你想得更多，而且记忆更深刻。去年逃逃有个作业是要做一个本地建筑模型，他选的是一个卖手工制作材料的商场。虽然那个商场我们也经常逛，但真正到他自己要动手做的时候，才会仔细去观察、去思考一些现象背后的原因，比如为什么画笔、颜料和画框是摆放在紧挨着的几个货架上？为什么seasonal（当季的）的东西摆放在一进门最显眼的地方? 打折信息贴在哪里最有效?

类似这样的学习方法美国这边叫PBL（Project Based Learning），让孩子在项目过程中边实践边发现，是一个非常好的累积思想的方法。在后面的章节会有详细介绍，大家慢慢往后看。

那么学thinking map这些工具有用吗? 有用，非常有用。两个大脑里都有思想有内容，使用思维导图会逻辑清晰，否则会一团乱麻。thinking map，就是在某种程度上能帮你把一团乱麻理成有条理状的东西（听起来好像也不怎么样，我实在找不到好词，大家将就意会就好）。

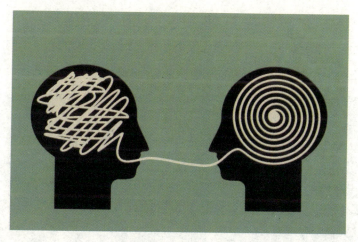

它有什么好处呢? 很显然，首先是自己把自己的思路理清楚，你可能会说："即使是乱成麻，我自己还是很清楚的啊?"

逃逃小时候也经常把房间弄得一团糟，但他自己是清楚哪个东西在哪儿，他自己都能找得到的，还经常警告我说"不要把我的东西弄乱了"。

但这就是问题所在，因为你自己清楚，但是没法让别人弄清楚，最终就是逃逃的房间只能自己去收拾，别人没办法帮忙。同理，你有一个想法，只有自己清楚，但说不清楚也呈现不出来，那别人是没法在你的基础上去帮你深挖或改进，因为别人根本就没法理解你的那个"基础"。

哈佛大学教育学院的思维训练课最重要的一个目标就是——让思想清晰可见。思想可视化的工具很多，thinking map只是其中之一，还有mind map、concept map（概念图）等。

除了教孩子这些可使用的成系统的工具，老师平时在课堂上也会和小朋友们玩很多思维小游戏，比如下面这个就是小学二年级孩子关于"人类对动物的影响"这个话题的一个游戏：tug-of-war(思维拔河)。左边是"人类对动物的影响是正面的，有了人类动物生活得更好"，而右边是"人类对动物的影响是负面的"，每张便签上写的是孩子们想到的一个理由，支持哪边就贴在哪边，最后比较数量决胜负。

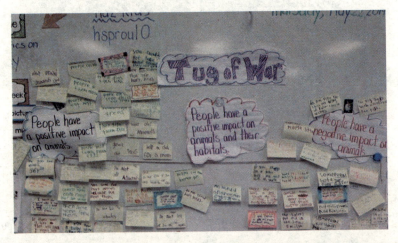

thinking map这类思维工具虽然没法直接给你提供思想，但它能在某种程度上提醒、监督你从角度、深度和广度去"死磕"自己的思维。比如气泡图，它不就是在提醒孩子再想想还有没有新的角度可以再加个

泡泡吗？比如复流程图，也是在督促孩子把一个事件产生的原因、导致的结果想得更加全面完整。经常做这样的训练会帮助孩子养成思维习惯，这时即使手中无笔、无纸、无图，脑袋里也会习惯性地用这种方式来整理自己的思路了。

如果把我们脑袋里的思想比喻成"锦"的话，思维工具能帮我们做到锦上添"花"，因为它不但能帮助我们去深挖思想，还能把它以更清晰的样子呈现出来。

【逃逃说英语】之韵律

我就是我

In the mirror

What do I see ?

Someone special,

That is me !

My eyes, my ears,

My lips, my nose.

No one's looks are

Just like those !

镜子里面,

看到什么?

一个很特别的人,

那就是我!

我的眼睛, 我的耳朵,

我的嘴唇, 我的鼻子,

没人长得跟我一模一样!

扫码听逃逃怎么说

美国小学的社会课：计划从小处做起

美国小学有个学科叫Social Studies，翻译过来应该叫社会课。我了解逃逃社会课的教学大纲之后发现，这是一门大杂烩的课，包括地理、历史、政治、经济，还有各种不方便划分到其他学科的内容，似乎都归这门课管。而各州各地社会课的教学内容也不一样，因为当地有自己的特色和风土人情，这也是这门课包含的很大一块学习内容。

这样的社会课，每学年都有几个project类型的作业，上周逃逃做了第一个，虽然下了不少功夫，但感觉很有趣、很实用。

没错，就是本章开始分享过的逃逃用思维导图做过计划的那个实践项目。

项目的要求是：每个孩子选一个当地的城市建筑，先去参观，然后制作一个鞋盒大小的模型，包括这个建筑里面和外面的布置和物品，最后，带到学校给其他同学讲解分享。

据说逃逃的同学们选择的建筑千奇百怪，有当地图书馆、消防站、健身中心、烧烤店、汉堡店等。

逃逃选的是"Hobby Lobby"，一家专卖各种手工制品材料的店，比如布、毛线、颜料、画布、派对材料等，适合爱好DIY的人来这里购买原材料。

那么如何做这个店的模型呢？逃逃整个project的制作实录如下。我的总体感觉是，每个步骤的细节做得都很一般，但是做事情的总体步骤还是很清楚的。

首先是计划。逃逃首先是做了个简单计划，包括什么时候去参观，什么时候准备好制作材料，制作进度怎么安排。

然后是调研。逃逃到"Hobby Lobby"，一路走，一路看，一路记。有了调查结果之后，下一步就可以制作了。

不过在真正开工之前要先设计。逃逃先画了张图纸，一开始用圆珠笔画的，后来担心书写痕迹会影响最终效果，所以改用铅笔轻轻地勾画，保证自己能看懂。

制作过程对逃逃来说是最困难的，所以也是我帮助他最多的部分。在这个过程中，我深刻体会到男孩子做做计划、写写调查还可以，做起精细活真是要他的命。

虽然制作的过程非常难，但还是要保证质量和把握细节。在整个模型中，左上是放画笔、画刷的部分。右上是有标号和打折信息的收银台，收银电脑运行的是windows系统。左下是个小南瓜，这个逃逃弄了很久，因为太小了，而且胶水也不容易粘牢。右下是相框，其实画上去就可以，但是逃逃觉得还是制作一个小框贴上去更有立体感一些。最后是做外墙，加上窗户和门之后就完工。

据说逃逃把这个作品带到班上给同学们讲解和回答问题时，得到不少赞许。同时，也从别的同学的分享中知道了很多当地其他建筑的细节，他感觉很好。

对一个孩子更实在、更容易理解的是认识我们生活的小圈周围都有些什么，它们提供了哪些服务，怎样能让我们的生活环境变得更好，我们能做些什么……

　　这几年，在逃逃的学习过程中，有两个词听得最多，一个是 community（社区），一个是 volunteer（志愿者），他的很多的学习内容都是围绕着 community 开展的，都是我们周围熟悉的环境；很多的活动都是由 volunteer 主导，这些 volunteer 有可能是我们的邻居，有可能是我们的朋友，也有可能是我们自己。

　　这种从身边的人和物开始的学习，看起来很"小"，但每个"大"都是由很多的"小"组成的，正是应了我们的那句老话：一屋不扫，何以扫天下。

扫码，听逃逃讲一讲吧

【逃逃说英语】 之韵律

牧羊女小波

Little Bo Peep

Has lost her sheep

And doesn't know where to find them

Leave them alone

And they'll come home

Wagging their tails behind them

小波丢了绵羊

不知该去哪找

但是不用担心

它们会回家来

摇着身后尾巴

扫码听逃逃怎么说

小贴士：美国小学二年级教孩子的六顶思考帽

Six Thinking Hat（六顶帽思考方法），是一种将群体讨论和个体思考相结合的思考方法。每顶帽子代表一个思考维度：

黑色代表负面，就是逃逃说的"bad points"——这是真的吗？它会起作用吗？缺点是什么？它有什么问题？为什么不能做？

黄色代表乐观、希望与正面思想，就是逃逃说的"good points"——为什么这个值得做？它会起什么好作用？

白色代表客观的事实与数据，也就是逃逃说的"collect information and ask questions"——我们需要得到什么信息？

红色代表情绪上的感觉、直觉和预感——现在你感觉这个怎么样？

绿色代表创意与创造性想法——有不同的想法吗？新的想法、建议和假设是什么？可能的解决办法和行动的过程是什么？其他可能的选择是什么？

蓝色代表思维过程的控制与组织，它可以控制其他思考帽的使用，也就是类似逃逃说的阶段性总结——我们下一步干吗？是换顶帽子思考还是该出结论了？

逃逃他们每周学一种颜色思考帽，课堂上老师会提出一个话题，小朋友们假装都戴上了这顶帽子，只想关于这顶帽子所代表的问题。经过这样的训练还真有用。前几天我们一家在做周末出行的计划，爸爸列出几个一定要去的景点，说怎么怎么好，逃逃不慌不忙地回答："嗯，等我戴上我的黑帽子想想看。"（这是真的吗？它会起作用吗？缺点是什么？它有什么问题？）

扫码听逃逃怎么说

Part 4

玩本身也是一种学习力，
只看方法对不对

美国基础教育就一个字：玩

　　大家可能不知道，我在逃逃7岁的时候跟他合伙创业以前，是从事IT行业的。自从开始写分享教育心得的文章后，我就停不下来了，因此也结交了很多关注儿童教育的朋友，也正因为有了他们的关注和支持，才让我在这条路上越走越稳，越走越起劲。

　　总结两年多带逃逃来美国后接触到的基础教育和自己的感悟，我最大的收获是懂得了如何让孩子做一个快乐的人，并在快乐中学习。美国的高等教育很卓越，估计大家也都认同，毕竟全球排名靠前的高校大部分都在美国。但如果谈到基础教育，大家就看法不一了，很多人可能有一种印象：相对国内他们的基础教育比较薄弱。我一开始也是这样认为，就拿逃逃那时读的一年级来说，每周学的单词不超过10个，数学的运算也一直停留在20以内的加减法。单看知识点，我作为理科生真觉得孩子这个年龄学这些，的确有点弱。然而，我后来渐渐发现，他们的基础教育，终极目的并不是为孩子打知识的基础，而是为孩子打人生的基础。

　　因此，我认为在知识基础之外，值得我们学习的地方很多，对此，我主要想分享三点，而这三点体现到美国的基础教育上，就只有一个字：玩。

　　首先，对孩子来说，要学会玩——让自己充实、开心，这是孩子一辈子都要做的事情。玩需要学吗？我觉得很需要。

　　有不少家长曾经问过我这样的问题："孩子特爱玩电子游戏，特沉迷，怎么办？"听后我很想问问："在你们家，如果孩子不玩电子游戏的话，他会玩什么？"

　　在这边生活的社区，很多家庭，包括我们自己，都有各种电子游戏机，但我发现逃逃跟他身边的很多小朋友，并没有特别沉迷，甚至对他们来说，玩电子游戏是别无选择后的选择。因此，让孩子学会玩什么，非常重要。

　　有一天晚上，逃逃缠着我跟他玩，我有点累，就给他出了个馊主意，"你拿iPad玩会游戏吧"，结果被他严词拒绝了。因为在他看来，玩电子游戏是万不得已的选择。为什么呢？首先我肯定，不是我们家教得好、孩子觉悟高之类的理由，而是他觉得跟人玩要比跟冷冰冰的电子设备玩好得多。逃逃很喜欢下国际象棋，要他选的话，他肯定首选是跟人面对面玩象棋，即使是跟基本上没法赢他的我玩也愿意；其次如果一定要在iPad或者电脑上玩，他会选择跟真人联网玩；最后，万不得已时才会选择跟电脑程序玩。

　　当我们发现孩子沉迷电子游戏的时候，首先得想一个问题，孩子为什么会选择电子设备，是不是我们没有很用心地陪孩子，带他玩，教他玩，让他懂得原来生活中的游戏要比电子游戏好玩的多呢？

　　美国老师比较推崇和孩子一起玩桌面游戏，例如在幼儿园，逃逃就经常跟小朋友或老师玩Checker（美国版跳棋），一年级老师又推荐他们玩Monopoly Millionaire（大富翁）。此外，还会鼓励孩子自己动手设计和制作游戏。在学会玩这一点上，其实爸爸的角色很重要，因为玩不仅是个脑力活，还是个体力活。不信大家可以留意一下身边比较优秀的孩子，他们的爸爸是不是都非常给力？反正我看到身边的情况都是这样的！

逃逃在美国最好的一个朋友，算是我见过的最聪明、最优秀的孩子了。他爸爸是个美国白人，在陪孩子这件事上非常上心，我们周边的孩子们都很喜欢他。有一次我带逃逃去他们家玩，孩子妈妈来开的门，结果逃逃一边闷头走进去，一边张望着说："家里怎么没人啊？David（大卫）叔叔呢？"把人家妈妈气得说："逃逃，我一个大活人站在这里，你没看见啊！"

当然，我们更值得学习的是教孩子：**学中玩——让学习对孩子来说成为一件好玩的事情。**

也许是"学海无涯苦作舟"的劝学观念太根深蒂固，很多家长都觉得学习不刻苦不行。其实，这只是我们自己的刻板思维在作祟。

如何让孩子觉得学习是一件好玩的事情呢？我举两个逃逃学习的例子来说，一个是关于学钢琴的，一个是关于阅读的。"孩子一点都不愿意练琴怎么办？"家有琴童的家长应该都知道，让孩子练琴是一个老大难的问题，孩子觉得枯燥，觉得练琴累。

这也是我自己曾遇到过的问题，只能说，我尽了最大程度的努力让逃逃克服这种情绪，但最终还是老师用玩乐的方法调动起了他的兴趣。逃逃在美国的钢琴老师是台湾人，但使用的教法是地道的美国教法——教学进度比较快，一开始对手型姿势要求不算太严苛，上课有不少时间会花在跟逃逃讨论对曲子的感觉上。一段时间的教学下来，逃逃养成了一个习惯，平时看电影、电视遇到喜欢的曲子，就会自发地到钢琴上试着把旋律弹出来，有时还尝试着配和弦。逃逃平时练琴，他高兴的时候可以站着弹，可以跳着弹，赶上万圣节，还穿着他的costume（演出服）弹，然后在圣诞节会把两首圣诞的歌曲改编了合起来，跟他爸爸一起弹。

前面我提到过的逃逃那位好朋友，他学的吉他，老师的教法就是先教和弦，没多久就带着他一起到酒吧去同台弹唱演奏。那孩子的兴趣一下就被提起来了。

也许练琴这个例子比较特殊，因为它的确是一件比较枯燥的事，我们要做的就是怎么让枯燥的事变得更加好玩。我们要让孩子知道，练琴是为了好玩，不是为了练而练，不是为了考级而练，而是为了能给我们的生活带来快乐而练。

这就引到我想说的另外一个例子——阅读。我曾经提到过，逃逃其实不是很喜欢表达，他的逻辑思维特别好，脑子比嘴巴转得快，也可以理解为嘴巴比较笨。老师布置作业，比如读了一本书之后跟爸爸妈妈讨论一些故事内容、里面主要角色的特征等，他不太愿意做这件事。

针对这个情况，我在前文曾分享过一个方法，就是跟孩子读系列书。因为一套有多本，故事基本是连续性的，我就让逃逃读单数本，我读双数本。每次读完，必须给对方分享故事，才能接着往下看。这一下，逃逃就来劲了，因为他觉得和我一起追一个故事很好玩。

孩子是很敏感的，从某种程度上来说，他们会拒绝为了学习而学习的东西，但是如果是为了好玩儿，他们是很乐意去做。

而最好的状态，当然是**玩中学——你以为孩子在玩，其实是在学。**

通常美国小学是没有固定教材的，也没有太多正规的作业，所以在"玩中学"上做得很好。有时候我们会有一种错觉，感觉孩子们一天到晚都在玩。但事实是我们以为孩子在玩，其实人家是在学。比如孩子在教室里养蝌蚪，用孵化器孵小鸡，孩子们玩得很高兴，但是学会了小动物的生命周期，更重要的是老师让他们画生命周期图，并鼓励他们把生命周期图讲出来——在班上讲，回家给爸爸妈妈讲。

在我看来，美国小学的数学教得太简单了，但偶尔有些作业题让我觉得非常有趣。比如有一次一道作业题是这样的：分别测量从家门口走到厨房，从卧室走到后院需要的时间，完了再画出一个柱状图来表示哪个地方离门口最近，哪个地方离得最远。这样的作业，孩子们会觉得很好玩，通过动手操作，该学的知识点他能更立体的理解。

也有很多时候，学校的课后作业只是回家跟爸爸妈妈讨论一些有趣的话题，比如，如果没有电生活会有什么不同；给爸爸妈妈讲一个关于动物园的故事，但是不要提到任何一种动物；让你来制定一条全世界每个人都要执行的规则，你会制定什么规则；你觉得汽车和电脑哪个更重要？为什么；假如晚上不需要睡觉，你会用这多余的时间来干什么？

每个老师都会鼓励家长，每天固定时间关掉一切电子设备，至少花费半个小时陪孩子阅读或聊天，这个时间可以在晚饭时，也可以在睡觉前，总之需要有那么一段时间，不受干扰地和孩子玩，和孩子沟通交流。

我们有时候会问，为什么感觉美国孩子思维要活跃一些，其实我们该问问自己，每天有跟孩子一起做活跃思维的练习吗？

要是说我们能从美国基础教育学到什么，在我看来最重要的一点就是体现在上面三个层次的"学会玩"！

【逃逃说英语】之玩出乐趣

日常对话：美国小学课间休息都玩些啥

Recess（休息），这是学校里最振奋人心的词，它是每天半个小时的休息时间，可以到户外疯玩，是小朋友都盼望着的。

Playground（操场），一般指的是有活动设施的操场。

类似"Tag"这样追来追去的游戏似乎孩子们永远都玩不腻，即使只有两个人的时候好像也玩得很欢，一个追另外一个，追上了喊一声"Tag"，然后再反过来追。Tag 游戏还有很多变化版本，比如快被追上时可以选择 freeze（原地不动），必须有小伙伴来"解救"才行，类似我小时候玩的"雪条融化"游戏。

Slide（滑滑梯），从滑梯上滑下来可以说"go down the slide"。

Swing（秋千），"你想玩秋千吗"可以说"Do you want to play on the swing"。

扫码听逃逃怎么说

儿童编程：玩电脑玩出竞争力

电子产品对孩子身心带来的伤害是中国家长们普遍关注的问题，并呼吁要让孩子们离开电脑、放下iPad。然而在美国，上至政府下至学校，却在悄悄地布一盘大局，那就是让孩子们从幼儿园开始学计算机编程，俨然一副编程要从娃娃抓起的姿态。

我在若干年前，第一次听说Scratch（美国麻省理工学院推出的一套适合儿童使用的编程软件）时，逃逃还小，我并没在意，而且在我的潜意识里，编程至少应该是高中、大学才学的玩意。但就在这两年，"儿童编程"这个词在我耳边出现的频率太高了，已经耳熟能详了！

先是听说逃逃一个小伙伴的学校一年级以上都开设了编程课程，接着是逃逃的一个同学的家长约我一起把孩子送到某课外编程班，再就是逃逃的同班同学来家里玩，问逃逃可不可以一起玩编程……弄得我和逃爸这两个程序员不知所措。

而且奥巴马也来"凑热闹"，他在code.org组织的"编程一小时"活动中编写了一段代码，为的就是鼓励孩子们积极学习编程。而这个code.org是一家由科技行业支持，并提供免费的编程学习课程的机构，他的创始人Hadi Partovi（哈迪·帕尔托维）说："打造'编程一小时'就是为了揭秘代码并表明计算机科学并不是火箭科学，是任何人都可以学习的基础知识。"

那天下午和逃逃去逛图书馆，发现一排排封面花花绿绿的、写给孩子看的编程书，接着晚上就看到新闻：奥巴马政府当天（2016年1月30日）表示，将向美国学校资助40亿美元用于计算机科学教育。

奥巴马政府的这个资助计划对象是全国K—12学校，奥巴马说："计算机科学技能需求日益增长，其岗位量的增长是美国其他行业的两倍。美国劳工统计局预计，到2020年，除了应届毕业生以外，还将有100万个与计算机科学相关的岗位空缺等待填补……"他们也算是未雨绸缪，从娃娃抓起。

编程对孩子真的那么重要吗？作为老程序员，我很想跟家长朋友们分享一下自己的体会，但在开始前，为了表明该理念的权威性，除了政治人物奥巴马，我再列举一位被大家当神一样崇拜的天才人物乔布斯说过的话，他也曾力挺大家学编程："人人都应该学习一门计算机语言，因为它将教会你怎样思考。"

那么回到我们的话题，孩子学编程真的好吗？

前面两位大人物似乎都说得太官方了一些，那我就来点接地气的观点。从眼前来看，让孩子学习编程，本身的确能在某种程度上锻炼他的思考、设计、解决问题的能力；从长远来看，将来的孩子必然要把计算机当作自己工作中与世界接触的一个重要工具，随着更先进产品的出现，他们的生活更是离不开计算机；而从更实际的情况上看，尽管IT从业人员，经常要被贴上"程序猿""宅""呆"等各种标签，但不可否认的是他们依然是各国的高收入人群。

哪怕"编程一小时"活动在加州的硅谷区异常火爆，但对于很多家长来说，尤其是居住在科技走廊核心地带的家长，它本身更像是一种基本的生存技能。比尔·盖茨8年级开始学编程，扎克伯格6年级开始学编程，在成长的过程中，他们不仅积累了编程知识，更掌握了编程背后的思维，这才能有之后他们对整个IT界深刻的影响。

我们自己作为家长，与其在与孩子争夺电子产品中对抗，在规定孩子玩游戏的时间上讨价还价，不如索性把这个时间变成学习时间，也和孩子一起来试试编程的小游戏！事实上，我已经给逃爸安排了一项新的家庭任务：每周留出一个小时教逃逃编程，原因一是让逃逃在同龄人中不至于"out"，二是我们身在行业中能看到现在程序员的薪酬待遇是越来越高的，给孩子培养些后备技能，没准哪天就用得上。

作为IT从业人员，曾经我们还因为被调侃为"情商低、关系弱、脑袋木、颜值差"而感到郁闷，随着这股"编程风"，我们现在总算得到了点小安慰。而且想到逃逃将会惊喜地发现他妈妈虽然琴棋书画样样不精通，但辅导得了他的编程时，我仿佛已经看到他那使劲瞪也没多大的小眼睛里写满了"崇拜"两字。

那要是家长不懂编程怎么办啊？别着急，5岁孩子都能看得懂的东西我们还能搞不懂？给大家推荐类似我下面列举的这类网站，都有丰富的学习资源，这种为孩子设计的积木组合式的编程语言，跟玩游戏也差不了多少。

1. http://code.org/

2. http://scratch.mit.edu/

【逃逃说英语】之玩出乐趣

我就是喜欢和你一起玩

我们说说暑假最好玩的事，这里先讲第一个：I like to hang out with my friends.（我喜欢和朋友们一起玩。）

这里的"hang out"是很常用的一个短语，比如逃逃有时会跟爸爸说："I just want to hang out with you."其实他也没想好要和爸爸玩什么，就是想跟爸爸粘在一起，就傻傻地待着也行。

所以"hang out"是一个比较泛的说法，如果说"play with my friends"，一般会表示具体玩什么东西，比如，我和朋友们一起踢足球、玩电子游戏，可以说"play soccer""play video game"，但只表示就和朋友待在一起，那就是"hang out with my friends"了。比如：I like to hang out with him but especially I want to play chess with him. He's very good.（我喜欢和他待在一起，尤其喜欢和他一起下棋。他很厉害。）

扫码听逃逃怎么说

你真懂孩子的兴趣培养吗

　　逃逃的小学放暑假后，我们全家远渡重洋，历经 N 小时的飞行回到国内。

　　此举最大的动力来自想带逃逃回国与亲人多接触，于是，我们像赶场子似的走访了不少亲朋好友。但凡到有孩子的家庭，大家一定会问我"逃逃在美国平时都参加什么兴趣班"，甚至拿出厚厚一摞兴趣班的宣传单让我给他们一点建设性意见。我一看也傻眼了：钢琴、舞蹈、画画、小主持人、滑冰、围棋、相声……这可怎么选？难道只是看看机构介绍？如果运气好，选到一个孩子有兴趣的也就罢了，万一选到的并不是他们内心喜欢且渴望学习的，他们也必须整个暑假都忙碌地奔走在这些培训机构之间？所以，选与不选，这是个问题！

　　最近家长们热议的话题——中国教育把"原创"小孩培养成"盗版"，源自美国名牌高校对中国学生申请材料的感受：中国孩子展示的兴趣才艺千篇一律，本来该是独一无二"原创"的孩子，却像是被送进了同一个工厂，变成了用一个模板生产出来的机器人。

　　那么，说这话的"老美"们，他们的小孩都有哪些兴趣？如何培养呢？就这几年逃逃生活学习中接触到的领域来看，我发现和他同龄的孩子，有 4 个方面的兴趣是比较突出的。

基本上这些孩子都是狂热的乐高爱好者。

逃逃的好朋友凯凯，特别喜欢玩乐高积木，凯爸凯妈从没因此批评他贪玩而是大力支持。因为在他们看来，搭积木可以很好地训练孩子的动手能力，拓展孩子的想象力。为此，凯爸还专门为他设计了一个乐高房间，就连房间里的桌子都是凯爸动手制作的。乐高看似简单小巧，却蕴含着无穷的能量和创意，比如凯凯可以凭想象用乐高拼出各种东西来。

美国孩子特别喜欢"桌游"。

我所在社区的邻居家的小男孩Drew（德鲁），就特别喜欢玩桌面游戏。他家放桌游的架子上各种游戏相当丰富，而Drew都整理得非常有条理。有人说桌游是最佳的智力体操，我想这也许是Drew特别聪明的原因之一。在我们这个小区Drew被封为"桌游达人"，几乎很难找到市面上有而Drew没玩过的桌游。而每次说起他的这个兴趣，Drew的爸爸都很自豪："嗯，他玩得很多，他甚至可以自己设计一款好玩的游戏。这太棒了！"

许多美国小孩都是科学小狂人。

就像许多美剧或电影里的情节一样，现实生活中确实存在许多痴迷某项学科的美国小孩。逃逃的同学Lukas（卢卡斯）特别喜欢动物，他房间的每个角落都堆满了关于动物的书籍。在他6岁的生日聚会上，他爸爸还专门为他请来了critter man（专门从事动物表演的人）和小伙伴们一起为他庆祝生日。有一次我和他聊天，结果我们的话题时不时就被他带到动物那儿去了；而令我简直有点抓瞎的是，我以为是自己英文不好所以有些单词听不懂，后来和他的妈妈交谈才得知，原来这孩子确实博学，他知道很多稀奇古怪的动物，比如早已绝种的古代大鲨鱼，就连美国本土许多成年人也说不出来它的名称，所以就难怪我这个"老外"听不懂了。凭着这股兴趣热情，小小年纪的Lukas一头扎进阅读里，自然也比其他人懂得更多。

大部分美国孩子从小有参加"童子军"的经历，都喜欢野外生存类活动。

逃逃14岁的大哥哥Mason（梅森）就酷爱野外生存活动，他的很多课余时间都花在了"童子军"跋山涉水的艰苦训练上。除了正常上课时间之外，他不是在野外训练的路上，就是在和小伙伴们商量下一次活动的会议中。他爸爸对此非常支持，而且自己也参与其中，成为"童子军"的志愿者，每次活动都坚持陪同。让孩子成为强者，美国"童子军"训练对孩子培养的影响力，在后文中我会有专门的叙述。

虽说对以上这些兴趣培养活动看到得多，但轮到自己孩子身上时，我难免也会纠结。说到逃逃喜欢什么，熟悉他的朋友都知道象棋绝对是逃逃的最爱。逃逃从3岁开始接触中国象棋，一开始和爷爷奶奶下，学会之后开始挑战爸爸，再后来经常带着棋出门，见人就要跟人过招。5岁到美国之后，逃爸觉得他应该跟国际接轨，就教了他国际象棋，因为有下象棋的底子，小家伙学得很快。刚到美国，他在还不太会英文的情况下，就参加了一个儿童象棋俱乐部，而且在一次比赛中轻松夺冠，拿到了他人生中的第一份奖品——价值15美元的冰激凌券，于是请我和逃爸"大"吃了一顿。之后也陆续参加过好几次大大小小的象棋锦标赛，成绩都还不错，奖杯也拿了不少。逃逃无聊的时候，甚至可以自己和自己下棋，还很认真地把每一步都记下来，说要看自己是怎么把自己下赢的。象棋俱乐部的活动，他也一直在参加，那几乎是他最快乐的时光。他几乎没有接受过任何棋艺方面专业的训练和学习，全靠乐在其中的热情。

难得孩子有自己真正喜欢的项目，按照比较正常的思路，我们当然应该创造条件全力去支持，认真找个好老师教他，奔着相应年龄段的全国大赛冠军去。但是，要不要让逃逃接受专业的象棋学习和培训，这个问题曾经让我非常纠结。我曾深入调查了真正在学棋的小朋友们的生活，发现那样孩子其实挺辛苦，需要耗费大量的时间和精力，甚至有些本来很爱下棋的孩子在日复一日的高强度训练中渐渐开始厌倦甚至抵触下棋了，把原本的乐趣变为了坏情绪。

综合考虑了这些问题，我反复思考后决定：好老师还得要请。一方面，专业的指点能让他走得更远，能真正体会到象棋之美，这点我和逃爸是无法代劳的；但另一方面，我们觉得应该忘记积分、排名等目标，除非是逃逃自己想要去挑战，否则平日他只需要把下棋当乐趣享受就好。总之，我们作为家长尽我们的能力为他创造条件，但路要怎么走、走多远，应该取决于他自己的选择。

我们"原创"的孩子，必须要保护好他的"原版"兴趣！

家长们不要因为怕孩子浪费暑期宝贵的时间，或怕孩子居于人后而盲目地为孩子选择兴趣班，我们首先要思考为孩子报兴趣班的动机是什么？每个人都曾有过童年，孩子真正想要的是什么？在兴趣培养这件事上，我建议大家坚持一条原则：多观察孩子的兴趣所在，并结合孩子的个性特点进行安排。

【逃逃说英语】之玩出乐趣

我领先啦：in the lead

今天我们学一句话：I am in the lead. 表示"我领先"的意思，小朋友们玩游戏的时候经常听到。比如：

I ate 8 peanuts and Xuanxuan ate 6, I was in the lead.（我吃了8颗花生，萱萱吃了6颗，我领先。）

I'm watching NBA, the score is 98 versus 89, Lakers' in the lead.（我正在看NBA，比分是98：89，湖人队领先。）

I played chess with the computer, I was in the lead at first but lost the game at last.（我和电脑下国际象棋，一开始我领先，不过最后还是输了。）

扫码听逃逃怎么说

不玩体育，在美国根本混不下去

　　曾和一位朋友在微信上聊天，她说最近天气渐凉，她儿子上的游泳班不少同学开始缺课了，但她始终坚持带儿子上完每一节课，因为她不希望自己的孩子是"空心"的。这个比喻很特别，孩子的健康是妈妈最大的愿望。正好那周我们陪逃逃去看了一场中学生的橄榄球赛，现场那种紧张和热闹气氛，触发了我想聊聊体育运动的冲动。

　　美国家长最重视孩子什么？文化学科？显然不是。逃逃每周的学科作业加起来20分钟就能做完了。创造力培养？其实也不是。尽管这会渗透在老师的教学方式中，但却不是美国家长最重视的。在逃逃参加的培养孩子创造性思维的"天才计划"班级里，明显亚裔居多。难道真的是亚洲人聪明一些？当然不是，只是很多美国家长不像亚裔这么在乎而已。

　　那么，美国家长究竟最在乎孩子学什么？答案是体育运动。他们在孩子体育运动的培养上，绝对肯花大把时间和金钱。

　　我曾调侃一些美国朋友的生活习惯，他们的回答让我哭笑不得。例如为什么他们不爱啃肉骨头？因为看牙医实在太贵！为什么不吃带刺的鱼？因为鱼刺一旦卡到喉咙，看急诊要花的钱是这条鱼的几千倍！为什么天天跑健身房？因为要减少和医生打交道的机会！

当然，以上的问答只是开一个玩笑，美国家长很清楚，孩子与同龄人的竞争最终是综合能力的较量，他们认为一个强壮的体魄是所有这一切的基础，而且如果孩子体育好，考大学是有直接优势的。如果孩子高中时就是校队的明星球员，那只要成绩还过得去，上大学就不用愁了；如果成绩还不错，那名校和奖学金也不在话下。简直是有体格就有未来！

再深入探究一下，体育好的孩子在申请大学时有优势，在这个现象背后，究竟是因大学这根指挥棒让孩子们更爱体育，还是大学本身喜欢爱体育的孩子呢？

先说说我周围的美国朋友的生活，凡是有孩子的家庭，他们周末的活动都安排得满满当当，通常是一家人陪孩子练垒球、游泳、篮球、橄榄球……在各项运动方面，这些父母更注重team sport（团队类的体育），因为他们认为团队类的项目能让孩子学习如何与人合作，培养孩子的责任感和团队精神。这样看来，美国父母不单把体育看成强健孩子体魄的方式，还当作对孩子意志的训练，是对孩子教育的重要部分。

再来说美国的运动设施，那真心不是盖的。比如网球场，每个初中、高中都有，课外时间对公众免费开放。我生活的地区学校很密集，因此人均体育资源相当丰富，只要开车几分钟把家附近的学校转一圈，肯定能找到空场地。遵循先到先得原则，很公平。逃逃他们的网球老师李芳（李娜之前网球界的亚洲一姐），也算网球界的名人了，同样得遵循这个规则，所以孩子们每周上网球课的地点并不固定，都是李芳老师找到场地后提前通知孩子们。关于孩子们的体育培养，最后一点，也是最重要的一点，那就是家长实实在在的投入，也包括精力上的投入。我看到不少美国爸爸，平时工作非常忙，但是一到周末，会陪孩子做各种各种的户外体育运动,他们中有些人还做球队的教练。我们邻居家孩子的爸爸,每周都会在自家后院陪孩子们练足球,一丝不苟地穿上全身运动装备,胸前还挂个哨子。我很喜欢这种画面,尤其是这些爸爸和孩子一起在运动场上专注地讲解动作、研究战术的时候,真有点"上阵父子兵"的感觉。当然,陪练是个很辛苦的差事,但他们把这当成生活中的头等大事,为此甘愿牺牲自己的时间、精力,他们对体育的无限量支持就是对孩子最好的鼓励。在这方面,我们家是需要加强的,虽然我和逃爸都缺乏运动细胞,但这并不应该阻碍我们努力培养逃逃对体育运动的热情。尽管从逃逃的性格、身体条件来讲,也许他在体育方面很难有什么突破,但我们希望逃逃也能爱上运动,爱上拼搏的体育精神。

当然,给孩子选择运动项目是有讲究的,身体条件比较好的孩子,可以根据自身的特点和老师的建议选择最擅长、最适合的。像逃逃,本来就不怎么好动,也没有明显身体优势,那就主要培养兴趣。曾经有一位朋友建议我们,给孩子选择体育运动时,可以鼓励他分别参加一个团队和一个个人项目,因为团队项目可以培养孩子的合作精神,而个人项目,更加锻炼孩子的心智毅力,需要他为此承受更大的心理压力。我们和逃逃也正在学习和尝试。

如果说美国有什么值得我们借鉴学习的教育理念,那对体育的重视绝对算最重要的一个。在这方面,美国家长比我们看得更远,多算几道题,多学一点知识算不上什么,孩子的人生路还很长,强壮的体魄和拼搏的精神,才是陪伴孩子一生的财富。

【逃逃说英语】之玩出乐趣

赢了谁多少分：beat…by…

今天我们学的是"beat…by…"，赢了谁多少分。赢了多少分就用 by（多少）。比如：The Lakers beats Jazz by 5 scores.（湖人队赢了爵士队5分。）I beat you by 11 in this game.（这个游戏我赢了你11分。）我们学过用 in the lead 表示"领先"，合起来就可以这样说："Kai has been in the lead all the time until the last minute, when I beat him by 1 at last."（凯凯开始一直领先，直到最后我以一分取胜。）

扫码听逃逃怎么说

孩子们都喜欢的PBL项目学习法

跟我小时候接受的教育方式相比，美国教育值得我们研究的一种方式叫"项目式学习法（PBL）"——让孩子们知道怎么带着问题去寻找答案，简单来说，就是"学会学习"。

前一段时间，逃逃说他们在做一个研究世界各国的项目，每位同学可以选不同的国家，自己查阅资料、做调查、写报告。他选择了巴西，因为南美洲对他来说很陌生，所以他想多了解一些。

过了一两周，我问他项目进展怎样了，他说还在做调查。的确，那一段时间每次我们去图书馆，他都会专门去找跟巴西或者跟南美洲有关的图书。

又过了两周，我问他项目结束没有，他说还没有，之前主要是查书，现在开始在电脑上查资料了。他找了很多图片，看了许多有意思的视频，还洋洋得意地对我说："我觉得巴西这个国家挺不错的，我们以后可以去那儿玩一趟。"

又过了一段时间，我又问他进展情况。他说："嗯。资料查得差不多了，现在开始着手整理到PPT上去。"

我在心里算了一下：这个项目前前后后花费的时间差不多占了四分之一个学年了，而且到现在都还没完！

出于好奇，我找了个机会去咨询他们老师关于这个项目的情况。老师也看出了我的困惑，解释道："其实花了那么多时间并不是要求孩子们真的对他们所调查的世界各国有多深度的了解，而是想通过这个项目让他们知道该怎么做调查，怎么带着问题去寻找答案。简单来说，就是学会学习。"

这让我想起了我小时候的学习生活。其实那会儿我们也是很讲究学习方法的：课前预习、上课听讲、下课后完成作业，还要及时复习，等等。我们也有过很多关于怎么学习的方法和技巧，不过接触到逃逃的项目性学习后，我才发现"学会学习"这事还需要更本质性地去解读。

首先，要能提出很多很多问题，提问能力也许比得到答案更重要。

学习的目的就是为了解决问题——也许是目前还没有答案的难题，也许是我们心中的一些疑惑。当开始研究一个话题的时候，要会鼓励孩子们尽可能多地提出问题。

比如这个研究世界各国的学习项目，孩子就有很多问题，甚至还有些很细节的问题：这个国家的人喜欢吃什么？吃不吃辣的？喜欢喝清汤还是浓汤？气候怎样，夏天有多热冬天有多冷？夏天蚊虫多吗？城市里交通怎样，会堵车吗？街上跑的哪个牌子的车最多？这个国家的人有钱吗，他们靠什么赚钱？当地有什么产品可以卖到世界各地？和美国的关系怎样，国家领导人有没有跟奥巴马会面？甚至还有孩子对这个国家的总统选举制度感兴趣。

当然，我们不要质疑孩子们所提出的任何问题，也不要区分某个问题适不适合在这个年龄阶段解答，反而应鼓励他们把所有想知道的都列出来。总之，求知不设限。

面对很多很多问题，当然要在很多很多地方找答案。

一般在孩子做这样的课题调查时，老师会事先准备很多参考资料，有纸质的，也有电子的，比如一些网站或视频等资源，作为孩子们调查的来源。除此之外，还会鼓励孩子们尽可能多地搜寻调查渠道，比如去学校的图书馆、市里的图书馆或者采访身边的人等。

在以上两个层面，我们怎么才能帮助孩子们？

最有效的帮助是给孩子做一张记录表，帮孩子们把整个提问、调查、思考的过程串起来。

这样的表可以分成6列——分别对应孩子们之前提出的问题：问题1、问题2、问题3、问题4；其他有趣的问题——比如孩子调查过程中发现有什么新奇好玩的东西随时可以补上；新问题——知道得越多疑惑也就越多，孩子在调查中很有可能还会有新问题。可以分成4行，用来记录从不同渠道，如书上、网站上、视频里得到的信息以及最终的总结：根据找到的各种信息，综合得出答案。

Topic: ....

	Question 1	Question 2	Question 3	Question 4	Other Interesting Facts	New Questions
Source 1						
Source 2						
Source 3						
Summary						

逃逃上二年级的时候，当他们越来越多地使用这类记录表之后，我突然明白为什么美国孩子很小就能像模像样地做项目调研了，这种学习方式的一个重要的环节就是要孩子自己去做调查、找答案。

我想起在逃逃做这个研究各个国家的项目之前，他们还做过很多更简单的调查实践，比如在 kindergarten 做的"I see, I think, I wonder"，一个关于彩虹的研究：我看到了彩虹，有七彩颜色很漂亮；我想彩虹总是出现在下雨之后，那它肯定跟下雨有关系；我想搞清楚彩虹究竟是怎么产生的。为了一个关于 farm animal（农场里的动物）的研究，老师还专门带着他们到农场去参观了一次。

上一年级的时候，逃逃开始使用 KWL 表。在关于阅读的那章我们已经讲过相关案例，在此不再累述。

美国小学生研究各种各样的课题，甚至涉及历史、政治之类的大话题，这个过程中老师并不着急给孩子现成的标准答案，而是把大量时间花在引导他们"学会怎么学习"上。

哪怕我们成年了，也常常会遇到困难，知道了很多知识，但还是解决不了实际问题。我想这种直接从问题出发，带着很多问题去找寻答案的项目式学习法，真的很值得我们学习借鉴。

首先，大家应该一眼就看出来了，这样的学习方式是和以后要面对的真实社会无缝对接的。工作中我们要解决的不就是一个个真实的问题，要完成的不就是一个个实际的目标吗？从小开始做这样的训练，将来工作上必定更加得心应手。

其次，这种学习方法更能让孩子们养成独立思考的思维习惯，因为知识都是通过自己的研究调查获得的，所以不容易盲从或迷信权威。PBL 里孩子们拿到一个问题之后的思维路径是这样：猜想→调查→学习

→思考→知道！相对于传统教育中"等着老师来教我"，这样的方式能让孩子的大脑处于更加勤奋的思考状态。

各位爸爸妈妈也可以陪孩子一起来"学会学习"，试试项目式学习法。和孩子一起调查研究很多有趣的话题：

孩子最喜欢吃的水果：它是怎么生长的？产自哪里？除了人还有哪些动物喜欢吃它？

孩子最喜欢的动物：它是怎么成长的？它喜欢吃什么？它都有哪些品种？

去迪士尼乐园该怎么玩：哪里有迪士尼？里面有什么项目？需要预定吗？什么时候去最好？

蛀牙是怎么回事：蛀牙长什么样子？是牙齿里面长了虫子吗？有了蛀牙怎么办？该怎样预防蛀牙？

对孩子来说，有趣也有用的学习，就是带着很多问题到很多地方寻找答案，有时为了找A的答案，可能把相关的B、C、D都会翻出来，接触的知识面会更广。

那么，怎样开始PBL？

1. Start Small（从小做起）。不要一下就开始长达好几周的学习项目，而是从小问题、小挑战开始。也许就从"为什么冰箱贴不会掉下来"这种简单的小问题开始。

2. Plan Now（马上开始计划）。你必须要有充分的准备和计划，才能给孩子更好的指导，尽管PBL的过程中很多是需要孩子自己去研究调查的，但你需要给予充分的支持，才能让孩子有信心和兴趣进行下去。

3. Know the difference between PBL and projects（搞清楚PBL和做项目的区别）。它们的差别是很大的哦！PBL是通过让孩子们基于项目来学习，研究课题是个未知的挑战，途中肯定会有他们不懂的东西，需要调查、研究、学习的，比如"为什么会打雷""小鸡为什么要孵才能出来"这种孩子一开始可能完全没有答案的问题。而project往往是为了巩固运用已经学会的知识而做的项目，比如今天老师教了距离和测量单位，而作业是测量一下家里各种物品的长、宽、高，这不能算PBL。

4. Don't forget the presentation（不要忘了最后一定要做分享）。带着最后要给大家分享的这个目标，孩子在调查过程中自然会多问为什么，多做思考，因为担心做分享时会被听众的问题问倒。

怎么样？听起来很简单吧。各位爸爸妈妈自己在家里也可以和宝贝一起做，生活中的很多问题对孩子来说都是新鲜的，都是需要调查思考或者和你讨论的。不要急于告诉孩子答案，和他一起PBL吧。

【逃逃说英语】之玩出乐趣

游泳中的各种泳姿英文怎么说

游泳是逃逃坚持得比较好的运动，一周两次游泳课，虽然挺累，每次下课后都说好玩，看来的确还是蛮喜欢的。现在他就和逃爸来聊聊游泳中的各种姿势的英文该怎么说。

swimming pool（游泳池），freestyle（自由泳），backstroke（仰泳，向后游的姿势，顾名思义就是仰泳了），butterfly stroke（蝶泳），breaststroke（蛙泳）。

breaststroke是比较正式的说法，逃逃的游泳老师是这么教的，不过平时大家也喜欢把蛙泳说成"frog style"，听起更亲切，类似的"doggie paddle"（狗刨式），估计是大多数人最早学会的泳姿。

扫码听逃逃怎么说

用"神秘口袋"培养批判性思维

前段时间逃逃说他在学校里玩了一个很好玩的游戏，叫"mystery bag"（神秘口袋）。游戏前老师给每位同学一个不透明的牛皮纸袋，让他们往里面装一件东西，然后再写一份关于这件东西的clues（线索），让其他同学来猜。听起来蛮有意思的，我就在网上查了一下，一查才知道这个简简单单的纸袋是美国老师从幼儿园到初中的经典教学工具，用它能启发孩子们的critical thinking（批判性思维）。

批判性思维是什么呢？首先不要看到"批判"两个字就以为这种思维是指在鸡蛋里挑骨头。实际上，"批判性思维"强调的是一种独立思考的能力，对所看到的论点和结论随时保持疑问的态度，这种态度会促使我们去寻找更多的信息和论点来反复推敲和思考这件事，进而从已知推导出结论并解决问题。拥有批判性思维的孩子更喜欢提问题、思考，再提问题、再思考，而不是被动地接收所有信息，接受别人给出的标准答案。

培养孩子的批判性思维，实际操作起来并不难。家长可以从教孩子学会提问题开始，经常对一些没有现成答案的、开放性的问题进行思考，这就是在帮孩子培养批判性思维。这个"神秘口袋"是美国课堂中很经典的例子，适用的年龄段也很广，美国老师可是把它从幼儿园用到初中!

从幼儿园到学前班：各种感官上阵。

老师会准备多个不透明纸袋，在纸袋上标好序号，往每个纸袋里装不同的物品。这些物品都很有讲究，比如剪刀（形状应该是容易摸得出来的）、橡皮泥（有一股特别的味道）、麦片（抖起来会有"沙沙沙"的声音）、硬币（也是会有声音的，但是跟麦片不一样）、香皂（会很香哦）、棉花糖（会很轻，捏起来很软）……

然后，给每个孩子一张这样的表：

Mystery Bags

Bag #	Observations	Inference (Informed Guess)	Actual Item

表格里有四列，分别是"口袋编号""观察到什么""你猜到什么""袋子里面是什么"。游戏开始后，孩子们一边挨个拿着袋子摸摸、闻闻、抖抖，然后把相应的信息填进表格，当然不一定要写字，还不会写字的小朋友在上面涂涂画画也是可以的。

孩子们通过各种感官对每个"神秘口袋"进行观察和分析后，给出自己的猜想，这就是批判性思维的启蒙。是不是很简单？其实这基本上就是个小游戏，爸爸妈妈完全可以在家和宝贝一起玩。

一二年级：开始各种"线索猜猜看"。

自己负责自己的口袋，放进去一件物品，再写一些线索提示，让别的同学猜。在这个游戏里大家就不能去触碰口袋，只能远观，然后凭对口袋主人的了解程度和他给的线索来猜。

逃逃说他有个朋友在玩这个游戏时就只给了两条线索：（1）物品名称的首字母是"B"；（2）它是黄色的。虽然信息量少，但同学们一下就猜出是Banana（香蕉），因为大家都知道他经常会从书包里翻出一根香蕉在零食时间吃。

如果觉得放实物有点麻烦，还可以直接放一张纸条，在纸条上面写上一个名词。这样难度也会更大，因为要猜的东西就不限于这个小口袋能装得下的物品了。对同一个口袋，不同的孩子有不同的看法、不同的猜想，这就是练习怀疑、提问、思考的过程。

三四年级："神秘口袋"是谁的？

对于年龄稍大的孩子，这个"神秘口袋"就能玩得更有难度了。一个经典的玩法是老师提前在口袋里放很多小物品，比如感冒药片、票据、一本书、一支笔、小镜子、小梳子……然后把口袋放在教室里的某个地方，告诉同学们假设这是个公交站台，有个口袋掉在这儿了，大家可以把里面的东西都翻出来看，然后让同学们猜口袋的主人是男士还是女士，大概什么年纪，大概什么职业，他的母语是英文吗，你是根据什么来判断的……

这是非常开放性的问题，没有标准答案，每个孩子都可以有自己的猜想，同时也需要提供支撑这个答案的思考过程。

然后从小学高年级到初中，孩子的"身家"就全在这口袋里。

更高年级的挑战可以是这样的：如果你将去一次神秘的穿越旅行，会去一个你不知道是什么年代、是什么地方的世界，而你只能带这一小口袋东西，你会带些什么？当然银行卡是用不上的，因为你可能去一个连电都没有的时代。老师先让同学们自己思考，写下10件自己想带的东西，然后再分组讨论，每组成员通过分享、辩论、总结得出小组的最优答案，最后再来全班PK，得出一个master list（专家清单）。在这个游戏里，是把思考、沟通、合作各方面的能力都兼顾到了！

怎么样，没想到一个小小的纸袋还能玩出那么多花样吧？我们常说学习需要寓教于乐，这就是一个好方法，不仅有趣还可以培养孩子的批判性思维，不妨在家里多备几个，一起玩起来吧！

【逃逃说英语】之玩出乐趣

你出局了

上次我们学了玩游戏的时候常用的一句话 "I am in the lead"，今天这句话也是和游戏有关：you are out（你出局了 / 你输了）。

比如玩 hide and seek（捉迷藏）的时候，如果我发现你了，我就可以说：I found you, you are out.（我找到你了，你输了。）

you are out 和 you lose 不太一样。如果是单人游戏或者是足球、篮球这样的团队对抗游戏，那输了就说 lose；如果是捉迷藏这样的，一个人输了别人还可以继续玩，这种情况就说 you are out。 比如：We played minecraft, I was out but our team didn't lose.（我们玩 "我的世界"，我出局了，但是我们团队没输。）

扫码听逃逃怎么说

玩游戏怎么玩出最好的逻辑思维

逻辑思维能力在一个人一生的任何阶段都相当重要，在孩子发展思维能力的早期，主要是语言、数字、图形相关内容。如果我们注意培养他们的逻辑思维能力，那么至少以后他在数理类学科的学习上会比较轻松。而且从长远来看，将来遇到问题时，他分析和思考问题的深度也会不一样。

也许因为我本来就是个理工女，从小对数学也很感兴趣，在孩子逻辑思维培养的问题上，我一直坚信自己的一个观点：逻辑思维是玩出来的！特别是对学龄前或小学低年级的孩子来说，最好从游戏或者带有游戏性质的教具入手。

关于逻辑思维的训练，我认为背乘法口诀表、做算术题，只是记得和不记得、熟练和不熟练之间的区别，和逻辑思维关系不大；读数学启蒙绘本，可以让孩子感受数学之美，但与逻辑思维的培养关系依然不太大。真正能促使孩子主动思考，并且让他们爱上思考的，还是各种各样的游戏，数学逻辑思维往往就是在游戏中玩出来的。

逃逃在逻辑思维方面的能力还不错，应该说是我最不担心他的地方。除了他自身的兴趣所致外，我觉得也和我跟他从小到现在玩的一大堆游戏密不可分。

逃逃三四岁时就开始了自己的"游戏人生"。他小时候没上过早教班，除了睡、吃和户外活动，剩下的时间几乎都耗在麻将、扑克和中国象棋等游戏里。后来到了美国，这里孩子们玩"桌游"的氛围更浓，于是他更是一发不可收拾地玩开了。

关于数学逻辑思维的培养，我曾经也请教过逃逃参与的"天才计划"班的老师，这种"游戏法"和他们的想法是不谋而合的。逃逃每周要参加"天才计划"的额外课程，有老师曾给了我一个长长的游戏清单，希望我们在家多陪孩子玩。其中有不少游戏，我们和逃逃一起玩过，在锻炼孩子逻辑思维能力方面非常不错，在这里分享给大家。关于游戏适合的年龄设置，是我根据逃逃的情况估计的一个数值，不一定很准确，家长朋友可以根据自己孩子的实际情况来选择。

Connect4，四子棋，适合4岁以上的孩子。五子棋大家都熟悉吧？这是四子棋，规则同样非常简单，但是很考验人的空间感，也需讲究策略，否则一不小心就成为对手的垫脚石。

Mancala，颗粒归仓，适合4岁以上的孩子。也叫颗粒归仓非洲宝石棋，会数数的孩子就可以玩了，但是要想赢的话，还是需要动点小脑筋的。

Choclolate Fix，巧克力修复，适合4岁以上的孩子。这是一个人就可以玩的游戏，目标是按照挑战卡的提示把9块巧克力的位置摆放好。挑战卡有不同的难度，初级的很简单，三四岁孩子就能玩，高级的越来越难，估计需要爸爸妈妈一起来帮忙了。很类似Logic link（逻辑链路）游戏，也能锻炼孩子的阅读能力。

Rummikub，以色列麻将，适合5岁以上的孩子。这是逃逃在一段时间经常约邻居几个孩子一起玩的游戏，玩法和我们的麻将有类似之处但不尽相同，大致会用到分类、数字、顺序这些概念。

Rush Hour，高峰时刻，适合5岁以上的孩子。这款游戏就是"推箱子"游戏的实物版，一个人就可以玩。曾经有一段时间逃逃很迷"推箱子"，我担心他盯着手机屏幕太久，限制过他的游戏时间，换成这种实物版本的游戏，就可以放心地让他玩了。

Gobblet，套筒棋，适合5岁以上的孩子。这个游戏也可以算是五子棋的变种，不同的是只需要四子连成一线就算赢，而且"大棋子"可以把"小棋子"盖住，有一定攻击性！其实很多棋类虽然规则不同，但是策略大同小异，某种棋下得特别好的孩子，一般对其他策略类游戏上手也非常快。不过孩子老是玩同一种游戏会觉得有点厌倦，需要经常给他们变换花样。

Mastermind，大脑专家，适合6岁以上的孩子。这款游戏逃逃之前没玩过，但我看了介绍后就把它添加到孩子圣诞礼品清单里面了，也属于逻辑推理类，我看到都有点心痒痒。它也有对应的手机版本，叫Guess Code（猜代码）。

最后，再介绍两款方便携带的小游戏，是居家旅行必备良品。

一种叫"Spot It!"，找到它，适合4岁以上的孩子。这是一款很经典的口袋游戏，体积小，特别适合带到户外玩，可以训练孩子的分类和反应能力。你可别小瞧这样的游戏，大人还真不一定能玩得赢孩子。

一种叫"IQ Twist"，智力扭扭，适合5岁以上的孩子。这也是一款口袋游戏，规则简单，但也是有不同难度的挑战级别，足够一家人打发无聊时间了。

孩子逻辑思维的锻炼是智力生长发展过程中的重要环节，要培养出优秀的逻辑思维，必定要了解时间、空间、顺序、分类等概念，而这些概念巧妙地隐藏在一个个游戏中。所以，父母们不要一提到游戏就皱眉，只要我们选得好、用得好，利用游戏或游戏性工具，可以在培养孩子思维能力上发挥意想不到的作用。

【逃逃说英语】之玩出乐趣

各种球场用英文怎么说

今天我们学的是几种球场的说法：soccer field（足球场）、football field（橄榄球场）、basketball court（篮球场）、tennis court（网球场），其中court有法庭的意思。逃爸开玩笑说是因为篮球场和网球场白天打球，半夜都当作法庭审案子，所以篮球场和网球场都叫court。其实并不是，一般来说比较大的球场叫field，比如足球场、橄榄球场，而小的叫court，比如篮球场、网球场。

One soccer field is as big as 10 basketball courts plus 15 tennis courts.（一个足球场有10个篮球场加上15个网球场那么大。）其实也没有那么大，只是夸张了一下。

扫码听逃逃怎么说

小贴士：让孩子清楚地介绍自己的口袋

开学前几天，逃逃学校有个"meet the teacher night"（和老师见面之夜）的活动，孩子和家长一起去学校和班上溜达一圈，熟悉下环境，和新老师打个招呼。

美国小学每个学年会重新分班，同学和上一年不一样，老师也不一样，对孩子们来说，算是个全新的环境。运气好的，碰上一两个以前的同班同学，会兴奋得不得了。

其中最有意思的是，每位孩子的桌子上都有一个老师准备好的小口袋，叫作"all about me bag"（所有关于我的口袋）。

外面贴着说明，意思是让他们准备四样东西，放在口袋里带到学校，然后用这四样东西来给班上的其他同学介绍自己，这四样东西是要能放得进口袋的（像逃逃下面介绍的一样，你不能拿个超大的东西，比如西瓜什么的），另外你也可以给口袋装饰一下。

逃逃选的四样东西是奖杯、缎带、游轮冰箱贴和熊猫冰箱贴。他首先是说自己的兴趣，喜欢象棋，会弹钢琴，当然，最重要的是嘚瑟一下：chess trophy——在国际象棋俱乐部下棋得到的奖杯和ribbon——钢琴演出中得到的奖励缎带。

接着说说印象比较深刻的事情，去了两次加勒比海游轮，逃逃觉得很休闲很好玩，但是提醒大家要和朋友一起去，否则会有点无聊。他给大家展示的是一艘游轮（cruise ship）样子的冰箱贴。

最后，逃逃通过另外一个熊猫冰箱贴，说明了自己出生在中国成都，很自豪很自信地给告诉大家："I'm Chinese. Any questions about China, just ask me！"（我是中国人，有任何关于中国的问题，来问我就对了！）

扫码听逃逃怎么说

Part 5

沟通有方法，孩子自然情商高

孩子跟你谈目标，你要给他讲清楚怎么实现

"如果孩子有了'人生目标'，二话不说，全力支持他！"显然这是感性的回答，孩子童年总会有很多梦想，或者说是孩子最纯真、最直接的人生目标，它们可能很"高大上"，比如要开时光机穿越未来，要当世界围棋冠军；也可能很细小，比如把500块的拼图拼好，或是种出一棵向日葵。

当听到孩子的这些目标时，我们是不是应该一口答应地全力支持呢？

逃逃刚上学前班时，校长在给家长的公开信里就提到过"The benefits of teaching kids to establish and work toward goals"（教孩子建立和实现目标的好处）：学会对自己负责，孩子的投入程度决定了目标最终能否达成；学会时间管理，为了达成目标需要管理好自己的时间；增强孩子自信心，没有什么比达成自己心中所想更有成就感了；让孩子更加坚韧，学会和遇到的挫折相处；让孩子更有毅力，追求目标路上需要不断的尝试和改进。

看来，我们首先应该做的不仅仅是给予口头的支持，而是帮助孩子做好目标管理，而且这件事主要还得靠家长。因为每个孩子的想法与他成长的家庭环境有很大关系，爸爸妈妈是他们最好的领路人。

那具体该怎么帮助孩子设定和达成目标呢？建议如下：

首先，帮孩子把天马行空的梦想，转化为可实现的阶段性目标。

当我们发现孩子有了梦想的萌芽，无论他年龄多小，也不管这个梦想听起多么荒诞可笑，爸爸妈妈都要用心关注，并设法把这些脑洞大开的梦想转化为可实现的目标。比如孩子说想登上月球，那么我们可以引导孩子通过做一个月球模型，读10本关于月球的书，或者是观测、记录月球的变化，参观航天中心，等等。让孩子把关于月球和航天的知识了解清楚后，再一起探讨如何登月。这样一看，这个梦想是不是更具体了呢？

据说创办Facebook的扎克伯格小时候曾经沉迷《星球大战》，很想拍一部类似的电影。这个听起来近似于瞎闹的宏大梦想立刻得到他爸爸妈妈的支持，老扎借来一部手持摄像机，设定了一个从身边的、家里的故事拍起的目标。尽管小扎最终没有成为好莱坞导演，但爸爸妈妈的支持让他一直坚信，任何荒唐的想法都可以一步一步去实现。

不过这个过程里需要注意的是，无论孩子的梦想是什么，我们都需要去尊重，切忌把自己的想法灌输给孩子。比如孩子想开挖掘机，你不要说"开挖掘机有什么好的，咱们不如去当飞行员吧"；孩子想当游戏冠军，你别说"怎么不是当奥数冠军啊，英语冠军也行啊"……要知道，只有孩子自己内心真正认可的梦想或目标，才能激发他的无限潜力。

另一方面，最好帮孩子选择踮起脚尖才能够着的目标。

每个人都喜欢待在自己的舒适区里，孩子也不例外，他们很容易在选择目标时挑一个最容易的。这时，我们就得稍微推孩子一把。因为在实现目标的过程中，孩子需要明白收获的快乐和自己的付出是成正比的，要引导孩子为自己选一个踮起脚尖才能够得着的目标。

逃逃有一次参加钢琴独奏会，老师和他商量选择哪首演奏曲目时，逃逃想都没想就挑了一首简单的。老师没有马上表明自己的立场，而是花了10分钟耐心地从演奏的效果、听众的感觉等多方面说服他换了一首难度稍微大的曲目，显然老师不希望逃逃为自己设定一个触手可及的目标。难度大点的曲目尽管会有挑战，但是攻克之后会更有成就感。最后也的确如此，经过几周刻苦的练习，逃逃那一次的演出很成功，让他对弹钢琴更有自信了。

当然，这个过程中需要注意，选择目标并不是越难越好，一定要把握好"努力一把就能达到"的度，尤其是对年龄较小的孩子来说，成就感比挫折感更重要！

同样比较关键的是，要帮孩子把模糊的目标形象化。

孩子的目标往往很模糊，例如"我要做世界上最好的篮球运动员"，那么怎样才算世界上最好的篮球运动员呢？他跳得多高，跑得多快，怎么样扣篮，怎么样传球……我们可以通过一个个问题，将孩子大而空的目标勾勒成具体而形象的指标，然后再去一个个设法实现。当然，如果我们在跟孩子沟通时还可以发挥想象，描述这位世界上最好的篮球运动员比赛的场景就更棒了——"在千钧一发的时候，你熟练地控着球、踏着快三步左扑右突从罚球线的方向朝栏下飞奔而去，一边嚼着口香糖，一边将篮球重重地扣进篮筐……"

具体的形象会让孩子感觉更加深刻，也更容易知道该怎么一项一项去实现目标。当孩子信誓旦旦地说"我要当NBA球星"时，不要再简单地笑着说："哦，好吧，加油！"而要引导他把目标形象化、具体化，比如在和小伙伴的每场球赛中，争取有两次投篮得分。

跟孩子沟通的过程需要注意的是，设定的目标最好是只关乎孩子自己。比如"下次考试全班第一"这个目标是孩子自己不能完全掌控的，需要取决于别的孩子考得怎样，但如果换成"下次数学考试我要得满分"，这就是一个具体的、通过努力就可能实现的目标。

当孩子的目标已经具体化了，就需要将目标分段并设定检查点。

有人说游戏之所以好玩，就是因为它对我们的行为不断地做出反馈，每一步都给我们一个明确的答复。而减肥为什么难？就是饿了三天发现体重还是没变，让人丧失坚持的动力！同理，一个宏大的目标往往会让人望而却步，而将目标分段，则能让我们更加清楚实现整个目标的步骤，从而铺就一条从易到难，正如游戏中一级一级打怪升级，最终打败大boss的道路。

我们可以帮助孩子将目标分段，并设定检查点，这样孩子既不会被宏大的目标吓到，还能从反馈中得到持续的动力。

如果可以，请将孩子的某些目标也定为家庭目标。

这样会让孩子感觉自己不是一个人在战斗，在努力的道路上始终有家人的鼓励和帮助。比如"养成健康生活习惯"的目标，就完全可以作为一家人的计划。

有一次放学，我顺道接了逃逃和他同学，两个小伙伴在后排讨论自己的项目作业进展情况。那个作业是要选择一个建筑做模型，逃逃的同学说自己选了一个最难做的健身中心，要做户外游泳池以及里面的儿童游玩设施，还要做室内的很多健身器材。我听后忍不住插话："这个有点挑战啊！能完成吗？"小男孩信誓旦旦地回答道："不怕，我爸爸对这些很在行，我回去和他商量一下怎么做。"

一家人帮助完成一些目标对低龄孩子尤其重要，因为对他们来说，很多事都是第一次尝试，当他知道身后始终有一个强大的团队支援时，他就更敢想更敢做。这份来自家人的支持和温暖，也能让他在未来前进的道路上走得更加自信和勇敢。

梦想是很难得的，有句话说："和追求梦想的艰辛相比，我更怕的是从来不知道想要什么。"作为家长我们要做的就是重视！重视孩子的想法和梦想，重视孩子的人生目标，重视每一个成就孩子的可能性。

【逃逃说英语】之沟通

和我是一伙儿的

今天我们学的是：He is on my side.（他跟我是一伙儿的。）

比如：Whenever I have an argument with mom, dad is always on mom's side.（每次我和妈妈有争执的时候，爸爸总是和妈妈是一伙儿的。）

看来爸爸的站队给逃逃印象很深刻啊，爸爸妈妈高度统一的确也是我们家的教育策略。

扫码听逃逃怎么说

用这9种方式聊学习，孩子自然愿意跟你讲

也许孩子越来越大，愿意和父母交谈的时间会越来越少，小时候那个喜欢扯着妈妈衣角说个不停的孩子会慢慢消失；通常长大后的孩子宁愿向同龄朋友、互联网表达自己的真实想法，也不愿意和自己的父母沟通。

为什么会出现这样的情况？让我们来听听孩子们的说法。

"我妈啊，她永远只会关心我的学习，每天吃晚饭时都问我今天在学校学了些什么。你知道吗，这感觉太糟了，就像我在吃晚饭的过程中，要从头到尾经历一次学习似的！

"和父母聊天，聊到最后你会发现，他们永远都只想证明自己是对的，而孩子全都是错的，证明自己是对的就是为了让我们按照他们的要求做！

"我感冒了，我妈不是先关心，而是批评：让你多穿点衣服，怎么不穿？现在傻了吧！偶尔我把自己的想法说给他们听，他们回馈的就是不分青红皂白地反对。"

原来，我们就是这样和孩子"把天聊死"的。与孩子沟通本身就是一门学问，是一项需要学习的技能，我们不能待孩子长大后才学习，因为久闭的心门将难以打开。只有从现在开始学习并掌握沟通技巧，并应

用到日常中，才能让我们成长为一位可以依赖、值得信任的家长，帮助孩子在日渐繁重的学业和日益复杂的社会中成长。

怎样和孩子聊他的学校生活？可以试试这几种方式，我和逃逃都用过了，非常实用。

1. 问具体的开放性问题。这个估计大家都意识到了，假如我们泛泛地问"今天过得怎样啊""今天开心吗"，孩子肯定就会答"好""开心"就完了。所以要选择具体的开放性问题，比如，今天什么事让你笑了？你今天有帮助其他小朋友做什么吗？你们课间休息的时候玩了什么游戏呢？

但要注意的是，也许让孩子回答这些具体问题会有一点难度。有些孩子可能已经想不起来了，或者有的还记得，但不知道该怎么表达，该从何说起，咕噜咕噜说了一通后爸爸妈妈还是一头雾水。这时我们可以利用一些思路标签来帮孩子回忆和理清思路，先把 when（时间）、where（地点）、who（人物）说清楚，然后再适时地进入 what（做什么）、how（怎么做）、why（为什么），这样孩子的话匣子才更容易被打开！

2. 到书包里找点"料"。通常有实物在面前，孩子的表达思路会更加清晰。放学后，和孩子一起收拾他的书包，看他有没有带回什么手工作品或者一些完全看不出是什么的纸片。然后问孩子这些是什么课上做的？做的什么啊？怎么做的？都有什么步骤？用到了哪些材料？老师帮忙了没有？所有小朋友做的都一样吗？

3. 事先了解孩子学校的课程活动安排。这样可以有共同话题，比如你知道孩子今天会到学校图书馆借书或者有体育课，就可以更好地找到与孩子聊天的话题啦！

4. 了解孩子最近在学什么。有时孩子不想跟你沟通，其实只是他不知道从何说起。那么如果你了解他最近在学什么，比如正在学各种动物的名称，那就可以从动物身上找话题，让孩子从非常熟悉非常舒服的话题开始，一旦交谈通畅了，就很容易和他继续聊学校里的其他事情。

5. **学会双向分享**。就像和朋友聊天，很多时候都是你一句我一句的，所以不妨先向孩子分享自己今天过得怎样。也许在这个过程中，他会问你在公司午饭吃了什么。你回答之后就可以非常自然地反问："你呢？"与此同时，你刚才的分享已经是给孩子一个参考榜样了。

6. **用游戏代替谈话**。比如在一家人吃晚饭时设置一个游戏环节，轮流分享自己今天一件"最开心的事"和一件"最不爽的事"。当然，也可以让这个游戏升级，例如每人说三件事，其中两件是真的，一件是假的，然后让其他人猜哪件是假的。是不是很好玩？

7. **面对安静的孩子，更要多跟他交流**。如果上面的方法对你家孩子都不奏效，那他也许真的是不太喜欢说话，只喜欢安安静静思考或看书。这时不要放弃，我们可以找些跟学校话题相关的书和他一起看，边看边点评，再顺便问问："你们学校也像书里写的这样吗？"

8. **利用睡前时间跟孩子沟通**。孩子精力比我们想象的要充沛得多，往往是读了睡前故事都还不想睡，那就趁这个时间和他好好聊一聊吧，为了能拖延时间不睡觉，他肯定会尽量多找话题跟你分享的。可以试试看！

9. **学会倾听**。孩子一旦开始分享了，就不要打断他，即使有细节问题也要先忍住，等他说完一段后再问。让他感觉到自己的讲话很重要，大家都在认真听，他自然会越讲越自信啦！

好了，这就是关于"怎么和孩子聊他的学校生活"的9种方式。我们都深爱着孩子，当然不希望随着孩子的长大而渐渐不了解彼此，最后变成最熟悉的陌生人。既然沟通可以让我们和孩子走得更近，让你懂得他，也让他更了解你，为什么我们不去学习并掌握它的技巧呢？而且，越早掌握沟通技巧，就能越早和孩子建立起无障碍交流的良好关系，让你和孩子的聊天越来越"活"。

【逃逃说英语】之沟通

全靠你了

今天我们来学一句话：We are all counting on you！意思是"我们全靠你了"。

比如：The aliens are attacking the earth and the entire world is counting on me because I'm the only super hero.（外星人正在攻打地球，全世界都得靠我了，因为我是唯一的超级英雄。）

逃逃这例子举得很霸气。再来个接地气的例子：It was raining so hard, we were waiting in a restaurant, counting on Xuanxuan's dad to bring us the umbrellas.（雨下得很大，我们都在餐厅里等，指望萱萱的爸爸给我们送伞来。）

扫码听逃逃怎么说

仪式感对孩子很重要，必须认真"刷"

我的一个闺密生活过得很精致。每天早上必定准时准点在微信朋友圈发几张娇艳欲滴的鲜花照。这些花都是她在家悉心栽培的，而且大部分照片都是用单反拍的，很少用手机草草了事。一开始我以为她是三分钟热度，没想到坚持了很久。她说这么做可以让每一天都伴随着美好的事物认认真真地开始，这样才会过得充实快乐。后来闺密又迷上烘焙，每逢节日都要弄些特别漂亮的糕点赏赐给类似我这种一边吃一边心里嘀咕"看你能折腾多久"的没心没肺的亲朋好友。她说，用心做出美食，再用美美的容器摆上，搭配鲜花和小天使美美地拍出来，心里也美美的。这是她的仪式感和"小确幸"，生活因此充满了乐趣与温暖。

我想孩子的成长也一样，不仅需要你的无微不至，还需要某些特定时刻的仪式，需要你的"折腾"。

有一天，我做了一件很傻的事。早上7点刚过，逃逃的老师突然打电话让我到学校一趟，语速很快也没说清楚原由，吓得我扔下早餐，脸都没洗就赶紧奔学校去了。路上我用手机查了下邮箱，才发现老师之前是给我发过邮件的。那天是学校开大会的日子，逃逃得了xx奖，老师觉得这种重要时刻应该有家长在场。

我到学校礼堂后，发现已经挤满人了。于是，我只能乖乖地站在离礼台几十米远的地方眺望逃逃上台领奖，用手机给他拍了几张照片，由于距离太远，只能靠外套颜色分辨照片里谁是我的儿子。然后我就匆匆地走了，因为接着还有一个工作会议。

本以为放学接逃逃时，能拿这些照片给他炫耀一下我早上曾"到此一游"，结果他一上车就开始抱怨。

"早上我领奖你怎么没来啊？老师说发了邮件的啊！"

"我去了啊！还拍了照片！喏，你看……"

"没有啊，我看看。你照的什么啊？我在哪里？"

"离那么远哪照得清嘛……"

"颁奖仪式完了以后，我们得了奖的同学在前面排成一排，校长请家长们到前面照相的啊，我和老师找了半天也没见你人影。"

"还有这个环节啊？"

美国人生活中是很讲究仪式感的，你别看人家平日里整天都穿T恤、牛仔裤到处晃悠，可人家衣橱里总有几件拿得出手的礼服以备出席正式场合。美国人家里也通常都备有几叠"Thank you（感谢）"卡片，得到你的帮助会送卡片表示感谢，收到礼物会送卡片表示感谢，甚至我们找一位师傅来通下水道修车库门之后都会收到类似这样的卡片，感谢我们照顾他们的生意。

同样，他们爱孩子也表现得很有仪式感。且不说孩子的毕业典礼家长必然会盛装出席，就是孩子人生成长的每个关键时刻，他们也会大张旗鼓地折腾庆祝。和那些衣着得体，手拿DV、照相机的"老美"爸妈比起来，我这个灰头土脸还没结束就开溜的妈，真有那么点糟糕啊！所以在这一点上，我真得向他们学习。仪式能给孩子一种对某些事情的正式感、敬畏感。孩子在美国学校上学不需要穿什么名牌，但是红橙黄绿蓝各种颜色的 T 恤最好能随时翻出来，因为他们总是时不时有各种需要统一着装的活动。一次逃逃学校的 Western day（西部日），学校就倡议孩子们都穿得西部一点、牛仔范儿一点，我也没怎么当回事，后来在 Facebook 上看到其他同学家长晒的萌娃照，才有点后悔。

逃逃 3 岁以前都是和爷爷奶奶一起生活的，那时我和逃爸工作都很忙，是名副其实的甩手爹妈。说到这儿，我真忍不住要抨击一下什么"孩子一定要自己看着，绝对不能交给老人带"的言论，其实，靠谱的老人比不靠谱的爹妈还管用，血缘很重要，但态度和能力更重要。逃逃两岁多的某天，逃逃奶奶突然发来几张逃逃切蛋糕的照片，蛋糕不大但很精致很漂亮，我们都被弄迷糊了，这天既不是谁的生日也不是什么节日啊，这是要闹哪样？逃逃奶奶说，这是逃逃在西安和爷爷奶奶一起的第 1000 天！他们还专门拍了照、录了视频，视频中的逃逃一脸堆笑，吃得满嘴奶油。那会儿他还不懂事吧，只知道蛋糕好吃，现在肯定也不记得了，但每次回头看起这些照片和录像时，我都觉得他心里会是暖暖的、甜甜的。

知道自己被爱着的孩子是幸福的。《小王子》里有这样一段对话：

第二天，小王子又来了。

"最好还是在原来的那个时间来。"狐狸说道，"比如说，你下午四点钟来，那么从三点钟起，我就开始感到幸福。时间越临近，我就越感到幸福。但是，如果你随便什么时候来，我就不知道在什么时候该准备好我的心情……应当有一定的仪式。"

"仪式是什么？"小王子问道。

"这也是一种早已被人忘却了的事。"狐狸说，"它就是使某一天与其他日子不同，使某一时刻与其他时刻不同。"

　　仪式感也许是一种早已被我们忘却了的事。的确，很多时候生活是平淡无奇而又匆匆忙忙的，而仪式感对于生活的意义就是，用庄重认真的态度去对待生活里看似无趣的事情，不管别人如何，一本正经地把事情做好，才能真真正正发现生活的乐趣。

　　多一点仪式感，让某些时刻变得特别变得美好，不仅适用于我们自己的生活，也适用于孩子的成长。

【逃逃说英语】之沟通

怎么跟老外玩石头剪刀布？

　　"rock paper scissors"就是英文版的石头剪刀布，其中的布被换成了纸，不过都一样，都是怕"剪刀"，但能包"石头"的东西。

　　tie是平局的意思，逃逃和爸爸玩"rock paper scissors"出现了两次平局，就说："It's a tie.""It's a tie again."（"平局。""又是平局。"）

　　小朋友们学会了吗？和爸爸妈妈一起来玩玩石头剪刀布的英文版本吧，Rock-paper-scissors shoot！ Rock-paper-scissors shoot！

扫码听逃逃怎么说

千万别直接对孩子说 "你很聪明"

你会经常夸孩子 "你真聪明" 吗？我必须得承认，我会！当妈的都知道，自己看自己娃是怎么看怎么顺眼，所以溢美之词经常是无意识无原则地脱口而出。

但是，斯坦福大学的教授曾很严肃地提出，赞美孩子的天赋，而非赞美他的努力、策略和选择，这是在慢性地扼杀孩子的成长型思维！固定型思维模式的人会认为自己的智力和能力是定量的，不会变化。而拥有成长型思维模式的人是 "能力渐进论者"，他们相信自己的能力可以通过努力得到提升。当孩子表现好时夸他们 "聪明"，会让他们认为自己的能力只和那些定量的天赋有关。

这个成长型思维的概念，已经被绝大多数美国学校接受并融入教育方式中了，为了避免按捺不住地表扬孩子聪明，我们可以列一个专门的 "表扬清单"，平时遇到孩子们表现优异，忍不住想说 "你真聪明" 的时候，可以在这个清单里挑一句来替换掉！

表扬努力: You tried really hard on that.（你很努力啊！）

当孩子给你呈现一幅漂亮的作品时，可不要被喜悦冲昏头脑，请记得肯定他为此付出的艰辛和努力。

表扬坚毅: You never gave up, even when it was hard.（尽管很

难，但你一直没有放弃。)

当孩子完成一件对他来说很有挑战的事情时，比如苦思冥想一个围棋残局，一次次尝试去爬操场上高高的攀爬架，无数次失败后无数次反复尝试，请记得肯定他的耐心和坚持。

表扬态度： You have such a positive attitude.(你做事情的态度非常好。)

当孩子对面临的任务充满了积极向上的正能量时，可不要忘了抓住机会美言几句。

表扬细节： You have really improved on _____.(你在____上进步了很多！)

当孩子在某方面能力有所提高时，表扬细节，越具体越好。比如：宝贝，你现在游泳时手上姿势更标准了，而且换气频率也更加均匀了，比之前进步了很多，真棒！

表扬创意： What a creative solution to that problem！(这个方法真有新意！)

这是最需要注意的地方，看到孩子的奇思妙想，最容易让人跟"聪明"挂钩，可是奇思妙想真的是"聪明"吗？它应该是创意和思考的积累，是孩子在尝试无数次可能性方案之后才收获的灵感！

表扬合作精神： You work very well with your classmates.(你和小伙伴们合作得真棒。)

一个人无论多能干，能做的事情也是有限的，如果孩子和小伙伴一起合作完成了某件事，做得还不错，请一定要抓住机会肯定孩子的合作沟通能力！

表扬领导力： I love how you took ownership of that！(这件事情

你负责得很好！）

有些事虽然不完全是孩子一个人做的，但他是负责管理的，做得好是因为他有很强的责任心和领导能力。表扬落到这个点上，能让孩子知道虽然他并没有在每个步骤上亲力亲为，但能让它实现也是一种十分重要的能力。

表扬勇气：You are not afraid of a challenge！ I like that！（你一点都不怕困难，太难得了！）

表扬孩子的勇气，是最能帮助他涨"自信指数"的时候。

表扬热心：You did a great job of helping ___with her assignment.（你帮___完成了她的任务，真不错！）

"赠人玫瑰，手有余香"，助人为乐是一种美德，一定要表扬孩子的热心，鼓励他多多帮助别人。同时也能让他知道，克服困难的方法有很多种，除了自己的耐心坚持之外，向别人求助，从别人的经验中学习，也是非常有效的办法呢！

表扬责任心和条理性：You have taken great care of your room/books.（你把自己的房间／书整理得真好。）

能把自己的地盘整理好，把物品收拾好，是有责任心、做事有条理的体现，这是孩子能做好其他事情的基础，表扬和鼓励那是必须的。

表扬信用：I know I can trust you because ____.（我相信你，因为___。）

良好的信用会让孩子的人生道路更加顺畅，所以要适时帮他建立。比如和孩子约定时可以说"我相信你，因为前几次你说话都算数""我相信你，你一定会找到好办法"……

表扬参与：You did a great job of participating today！（你今天

参加活动时表现得很好！）

参与活动能开拓视野、吸收更多的养分，当孩子踊跃参加活动并在活动中表现不错时，一定要鼓励他的参与感。

表扬开放虚心的态度：It is so nice that you value other people's opinions.（你很重视别人的意见，这点做得非常好。）

从别人身上吸取好的建议和经验，自己能力也会不断提高，拥有成长型思维的人一般都有着开放、虚心的态度。

表扬策略：I am so proud that you made that choice.（真高兴你做出这样的选择。）

能出色地完成任务，有时是因为努力，有时却是因为改变了策略，做出了正确的选择。表扬策略，也是培养成长型思维的关键！

表扬细心：You remembered to ____！ Great thinking！（你记得____！想得真棒！）

细心不仅体现在谨小慎微，更体现在孩子考虑问题的全面性和多角度。出门玩的时候，孩子不忘带伞，后来下雨了还真用得着，原来出门前细心的孩子特意查看了当日天气预报。这时候，爸爸妈妈就该表扬一下他的细心和考虑周全。

这份"表扬清单"里的15句话，几乎囊括了孩子日常行为的方方面面。所以，遇到孩子任何一方面表现突出时不妨就这样去表扬他的努力、策略或选择等，千万不要再将所有的好表现都归结为"聪明"，那会让孩子感觉虚无缥缈，也不知道该怎么提高"聪明"。

当然，接下来，还可以跟孩子展开讨论事情的细节，让他知道自己具体哪里做得好，因为什么做得好，以后怎样能做得更好。

这个"不要夸孩子聪明"的道理听起来不算新鲜，成长型思维的概念理解起来也不困难。就像以前不少朋友问我，美国的教育究竟好在哪里，有什么先进的教育思想理念可以借鉴？说实话，我还真说不出个一二三来。很多道理大家一听都懂，不见得有多么特别的理论观点。

而我一直比较佩服的是他们在实践方法论这方面做得真的很细致，往往能把一些听起来很虚的理论变成实践方法。比如我们在前面章节讨论过，要重视培养孩子的阅读，他们就直接用一套亲子阅读卡片，陪孩子读书时一项一项对照即可。类似这样的实践方法简单明了，这也是为什么我一直坚持写分享美国教育方法类文章的原因，因为这些东西对大家都有用，一看就能懂，拿来就能用。

曾经有一位读者妈妈和我们讨论，她的儿子长得帅气又特别机灵，无论走到哪儿都经常被夸奖，"聪明""小天才"这些词都听出茧了，家里老人是这样，亲戚朋友也是这样，连自己有时也忍不住夸他。但是她有点担心啊，怕儿子骄傲自满。这样的担心也不无道理，即使孩子天赋真的很高，也要让他知道，天赋不过是个起点，具有成长性的能力才是决定走多远的重要因素。

这位妈妈，希望上面这15句话对你有所启发！

还有一位妈妈说，我的女儿实在是太普通了，周围的同学、朋友方方面面都比她做得好，她实在没啥可夸奖的地方，我该怎么培养她的自信呢？

什么叫没什么可夸？每个孩子可都有自己的闪光点，不一定要等她做出什么惊天动地的大事，或者考第一、拿奖杯才表扬她。如果她做事有耐心，可以表扬；如果她帮助了同学，可以表扬；如果她虚心听取别人的意见了，也可以表扬。这位妈妈，上面"表扬清单"里的15句话，你翻翻看，肯定有合用的。看一遍，你是不是觉得其实你女儿也挺优秀的？

【逃逃说英语】之沟通

小朋友捉迷藏时的"从10倒数"用英文怎么说？

小朋友们玩"Hike and Seek"（捉迷藏）时，hiker 都要藏起来，seeker 都要闭上眼睛数10，9，8，7……

这样的倒数，就叫"Count back from 10"，从10开始倒数，而正着数到10就是"Count to 10"。如：They will count back from 10 before the rocket takes off.（火箭升空之前都要倒数，10，9，8，7……）

扫码听逃逃怎么说

就这三步让内向的逃逃爱上了讲课

刚到美国的时候，我很惊讶美国朋友"吹牛"的能力，他们开个party，没我们花样多，不K歌、不斗地主、不打麻将……往往是三三两两地端杯饮料或红酒往那里一站，一聊就是两三个小时。我真不知道他们哪来那么多话题。

大多数美国孩子也都能说会道。之前有一位印度裔小女孩到我家做客，她才上小学三年级，呱啦呱啦地和我聊了一下午，我完全招架不住。

比起周围同龄的孩子，逃逃在这方面的表现差得挺远。他不太喜欢说话，按照通常的性格分类法，是属于内向型的。逃逃从小就相对安静，喜欢思考。比如，他很小就学会了下棋，而且可以安安静静地坐着下很久。他的逻辑思维也清晰，有时突然冒出一句话来会让我和逃爸都很吃惊。也许正是因为脑子转得比嘴巴快，很多情况下，他不太愿意表达。

我老在想办法培养他这方面的能力。最初打算跟逃逃合伙做《逃逃说英语》视频栏目的时候，我也很忐忑，生怕逃逃不肯配合。经过三个月的努力，逃逃竟然录制完成了几十期的节目。看到视频的很多读者朋友留言说很欣赏逃逃的演讲状态，我想说这真不是他天生的，也不是一蹴而就的。

如果非要总结经验的话，我觉得要想培养孩子的演讲表达能力，主要应从三个方面着手：第一，让孩子知道该讲些什么；第二，他知道如何讲出来；第三，帮助他修正小细节。

要讲，写是第一步。

我研究过好几个美国的儿童演讲培训课程，发现有一个共性，它们都是要求先练写，再练讲，能有条理地写，就能有条理地讲。

逃逃录制动画片 *Little Bear* 系列课程，或者讲美国文化、课堂知识的一些长视频，大家千万别以为他是随随便便对着镜头就讲出来的，背后都有大量的准备工作。首先就是写讲稿。我们做第一期 *Little Bear* 的时候，特别费劲，与其说是我和他商量着写，不如说是我替他写，他来背，一遍一遍地重复。那一期短短几分钟的视频，我们可能花了将近两周的时间。等后来录第二期、第三期时就没那么难了，因为逃逃开始有自己的思路，他的进步出乎我的意料。

再后来，有了一定经验之后，他的想法就越来越多，我索性给他一台电脑让他自己写。慢慢地，再想到一个主题的时候，他居然能即兴地开始讲了。比如有一期主题节目就是来自他即兴的演讲；逃逃先给我讲了一道课堂留的作业题"小鸡的生命周期"，然后我们排练好后就录制成了当期节目。

找对方法，让他不得不讲。

如果脑子里已经有了思路，知道该讲什么，那关键还要知道怎么讲出来。我曾试过阅读时使用的技巧，在孩子阅读后要求他讲一讲故事中主要人物特点、故事梗概等。但这方法对逃逃似乎不管用，一是他懒得再说一遍，二是他有时的确表达不出脑子里的东西，所以他曾经很抗拒做这样的"读后感"分享。虽然我心里有点挫败感，但也没有强迫他，担心破坏他的阅读兴趣。

后来，我用更进一步的办法来帮助他，也是前面讲阅读技巧时分享过的方法，这种方法用在演讲上也一样有效。我找了一套系列书，让逃逃看单数册，我看双数册，看完之后，给对方讲自己读到的故事，这样双方才能接上故事情节继续讲下去。因为这个方法比较有趣，又有一定的挑战性，逃逃欣然接受了，而且他发现，如果我给他讲得不清不楚，他会很难理解。因为感同身受，所以他也会调整自己很努力地给我讲清楚。这时他不是为了训练、为了讲而讲，而是必须要讲、真正能达到目的地去讲。这样的实践方法让逃逃很容易接受，一段时间后他的演讲自然进步很大。

慢慢修正小细节。

有料可说，也愿意说了，那最终就得看表达出来是什么效果。我发现录视频、看视频的场景重现是一个很好的方法。以前我在公司上的演讲培训课，老师也用了这个方法，同样一个内容，第一天讲一遍录一次，第二天再讲一遍录一次，第三天整个课程上完的时候再录一次。可能我们面对镜头自己讲的时候不觉得什么，但看到老师录的视频觉得自己非常搞笑，原来短短的演讲过程，有眼神飘忽的，有小动作特多的，有说话结巴的。于是，我们自己有针对性地一项一项改进，修正一些细节，结果挺有效。这就是为什么逃逃录视频的过程中，我不会即时纠正他，而是等录完了一起看回放；他马上就知道自己的问题在哪里，主动要求重新录，甚至有时我觉得已经录得可以了，他还要求再重录一遍。自己看自己，总是最挑剔的，平时录朗读关于英语韵律的小视频，逃逃都是自己读自己录，弄到满意为止；曾经为了录一小段满意的视频，他尝试过几十次、上百次。这让我很感动，也很为他骄傲。

　　每个孩子都有自己天生的优势和劣势，对于孩子的短板或者说不那么擅长的地方，我们不可能要求他做得非常棒，但可以用正确的方法以及适当的引导来帮他克服障碍，至少帮助他在这个领域达到中等偏上的水平是完全有可能的。比如逃逃这个当初腼腆安静的男孩，现在也可以在镜头前为几十万读者讲英语课了！

【逃逃说英语】之沟通

打招呼

打招呼是天天都要用到的，说法有很多，可不是只有"How are you？""Fine，Thank you！ And you？"

最简单的问候，比如早上跑步时遇到迎面也跑过来的人，就可以随便"Hi/Hello"一声，当然回答也是"Hi/Hello"就好了。

How are you？ /How are you doing？ / How's it going？

一般在超市、餐厅进门的时候店员会有这种问候，这种问法一般是不会真的期望问你具体过得怎么样的，所以回答也比较笼统就好了，可以是：Not bad（不错）。Great/Pretty good/Fine（很好）。I'm OK（还好）。

What's up？熟人之间会用得更多，除了问候，有时也是期望对方会说说近况，比如有没什么特别的事情之类的。所以回答可以是Not much（没什么特别的）。

或者Oh my gosh, you can't believe it.（天哪，你不会相信的）。就像逃逃说的，如果最近发生了什么神奇的事情，那就这样开头，然后"bla…bla…（哇……哇……）"地开始分享。

扫码听逃逃怎么说

假期应该怎么过，跟孩子达成这些共识

每到寒暑假，就到了孩子欢乐家长愁的时候，尤其是对于一些工作特别忙的爸妈来说，简直是个难关啊。我们家就是这种情况，虽然我大部分时间都是在家工作，可以睁一只眼闭一只眼地照看逃逃，可还是需要一个相对安静的空间。

于是，我下定决心，要拟订一个能让逃逃自娱自乐尽量不打扰我的假期生活计划，在电脑前噼里啪啦地列了六大项，试行过一个月，效果还不错，我的工作效率没减，逃逃也没有无所事事混日子。既然方法有效，就要给大家分享，如有适用的，大家不妨也试试。

运动尽量安排在早晚。

逃逃假期通常的运动有足球、网球、游泳和跑步，除了足球是跟小朋友一起，没法自己控制时间之外，其余的运动我们都尽量安排在早晚。

这样安排有很多好处。首先，安排在早晚，逃爸可以一起参与，帮我分担部分责任；其次，孩子也能一直保持平时上学时早睡早起的好习惯，不至于在假期里变成睡懒觉的小猪。

逃逃的网球课安排在每周三和周日的早上七点，其余几天我们一般也会在七点之前就起床，然后花半个多小时去跑步或游泳，这样感觉很好，遛娃和减肥同步进行，而且，运动完回到家，洗完澡、吃完饭，一天才刚刚开始，没耽误时间，可谓双赢。

我们之前在国内住的小区里也有个游泳池，但我们很少去，因为每次去的时候满池子全是人脑袋。其实这边也差不多，下午的泳池是孩子们的领地，所以，为了不被打扰地锻炼身体，还是早点起来打时间差。

如果游泳不方便，晨跑也是个不错的选择。在手机里下几首好听的音乐，和孩子在小区里慢跑几十分钟，感受一下清晨的鸟语花香，相当神清气爽。说不定假期过后，孩子就会喜欢上跑步，这可是对他终身有益的运动。

有了早上固定的"大运动"后，晚上就可以随性一点了。逃爸有时间的话会带逃逃出去玩玩轮滑、打打篮球，没时间就在家附近散散步。当然，如果早上上班时间特别紧张的爸爸妈妈，也可以把"大运动"挪到傍晚进行。

在家里囤一大堆书。

多给孩子囤书。尽管你买的书孩子不一定喜欢，但你不买，就永远不知道孩子喜欢什么，不喜欢什么。这不是一个购书成本问题，而是一个机会成本问题。准备足够多的书，孩子总能从中找到他爱看的，专注于阅读的孩子也就不会无聊缠人啦。

当然，在美国我可不敢像以前在国内那样天天买，因为这边的书实在是太贵了。不过幸好有不限量借阅的图书馆，我们的模式就从"买买买"变成了"借借借"。家里有了足够多的书之后，逃逃总是能找得到喜欢看的。他每天的阅读时间是两小时，有时遇到特爱看的书，阅读时间会更长。他多读，我也没意见，只要每半小时休息一下眼睛就好。于是，每天上午逃逃几乎都会沉浸在阅读带来的乐趣中，我也就可以安心工作了。

需要注意的是，如果我们没有充裕的时间给孩子解答各种问题，就要尽量避免让孩子读难度太大的书。所以，我建议逃逃把那些需要我们帮助的"大书"放到晚上我们一起阅读。白天则读些轻松好懂的书，保证阅读兴趣。逃逃倒也不客气，白天有时干脆看起了漫画，我觉得也挺好，开卷有益。

准备一大罐"有趣任务"。

我和逃逃商量，写了很多任务做成小纸条放在罐子里，他无聊的时候就去抽一张，完成纸条上面的任务。比如：整理一下你的房间；画个动物或者其他东西；随便写点东西；玩半小时iPad游戏；玩半小时"我的世界"游戏；随便玩会乐器（不是练琴，弹自己喜欢的，或者乱敲乱弹都可以）；调查一个国家，比如意大利；休息几分钟，然后选另一张小纸条；去妈妈的书房捣乱一小会，然后选另一张小纸条……

"随便写点东西"这项有时让他有点摸不着头脑，对此，我早有准备，拉出一个长长的话题清单，他可以直接从里面挑选自己感兴趣的来写，比如：写一个你想对妈妈做的恶作剧；如果你可以变成任何一种动物，你选什么，为什么呢？发明和描述一种新食物……其实这些话题都是我从各大教育网站搜寻出来的。遇到不太好写的话题，可以让他先想想列个思路，吃晚饭的时间一家人来讨论，也是很不错的聊资。

把看电视安排在午休时间。

逃逃所在地区的学校，上课时间就是从早上七点多到下午三点，中间没有休息，所以我压根不会去想逃逃是否需要午睡。估计对很多孩子来说，午睡都是一件很痛苦的事，还不如白天痛痛快快把精力耗完，晚上早点入睡呢。但我自己通常是需要20分钟到半小时的午休时间的，否则下午的工作效率会大打折扣，所以我把逃逃看电视的时间固定在中午，屏幕对孩子的吸引力比较大，可以保证他不会来打扰我。

如果家里有老人帮忙看孩子的话，也可以这么安排，毕竟老人精力有限，白天也需要一些时间休憩。爸爸妈妈最好事先就准备好孩子可以看的视频，比如一些他喜欢的动画片、纪录片等，教会老人或小朋友怎么播放，然后，就可以妥妥地忙工作去。

每天安排一定的学习任务。

长达一两个月的假期，怎能完全脱离学习呢？逃逃暑假的时候我打算狠狠地抓一下逃逃的中文，所以他每天会有定量的学习任务。不过我也偷了个懒，没有自己花时间去教，而是找了一些中文学习资源，让他自己学习，比如一款"悟空识字"的软件逃逃一直坚持在用，我觉得效果还不错，每天学几个新字，有形象的动画解释，还有好玩的小游戏巩固记忆。逃逃可以独自完成学习过程，我只需要在他每次学完后，教会他写生字，再给他留些抄写作业就好。

家里有老人帮忙的话，这个任务老人也可以代劳，我们以前学写字的时候，不也是孩子的爷爷奶奶、外公外婆一笔一画教出来的嘛。现在的学习软件也很多，善用工具可以给我们提供不少方便，只要稍微控制一下孩子的使用时间就好，不用太担心孩子沉迷，孩子可不傻，这些软件再怎么好玩，也不是真正的游戏，对他们的吸引力有限。

和几家人分摊带娃任务。

每周我会安排一两次让逃逃和朋友一起玩的时间，有时在家里小聚，有时一起到公园或其他游乐场所玩耍。这种一起玩耍的时间可以由几家人分担，每次由一两位大人带上几个娃玩，大家轮换着来。这对家长来说是减负的好办法，对孩子来说也是锻炼社交能力的好机会。

当然，这个方法得顾及孩子的年龄、适应情况和游玩的场所，无论怎样，孩子安全最重要，如果到人特别多的地方，就需要更多家长照看了。

做了这些安排后，逃逃影响我工作的情况减少了。当然，有时小鬼也会忍不住缠着我，毕竟一整天那么长，孩子肯定会有无聊的时候，这种情况下我一般都会放下手头的工作来陪陪他，然后自己晚上再熬夜加班。

假期很长，能全身心陪伴孩子肯定最好，但大多数妈妈应该也跟我一样，自己有一堆事要忙。所以，我们得调动一切可以调动的资源，使用一切可以使用的办法，尽量让孩子过得充实、有意义，自己也能安心工作。但如果实在不可兼得，我建议还是多陪陪孩子吧，毕竟孩子的成长只有一次，工作却是随时都可以做的啊。

记得我们小时候放假，老师一般是先开家长会，然后布置一堆作业，然后昭告天下般地诵读假期安全注意事项，再然后是什么，还没回到家我就忘记了……最后，又不知怎么混着混着就把寒暑假过完了。

而美国教育界普遍有一种看法，认为孩子平时在学校的学习生活都差不多，所以长时间的假期很容易成为孩子们拉开差距的分水岭，应该设法让孩子玩得开心又学得高兴。所以，逃逃上一年时的暑假，校长也曾给家长9个建议：

与孩子达成共识——告诉他假期可以有大量的时间玩，但同时阅读和学习也是非常重要的。

我的建议：首先，我们需要倾听孩子的感受和需求，问问他暑假都有什么打算，然后再表达自己的观点，并邀请孩子和自己一起进行"脑力风暴"，写下暑假准备做的事，还可以用逃逃之前教的方法进行事情的优先级排序哦!

在生活中上"微课"——孩子们走出学校,有更多的时间和精力和日常生活打交道,聪明的父母大可利用这个机会给孩子上"微课",将每天的各项活动转变成一次学习的体验。

我的建议: 处处留心皆学问,日常生活中,不仅可以教孩子一些生活技能,例如买菜、洗衣、扫地等,还能让孩子学到新的知识,比如阅读旅行指南后写家庭旅行计划,写购物清单,或者测量菜单上各种配料的用量等。

给孩子布置些任务——孩子们有大量的自由时间,如果懒懒散散过是否太浪费?不妨想办法给孩子布置些固定的任务,让他们在规定的时间内做完。

我的建议: 按照孩子的年龄,父母可以给他们安排一些趣味学习任务,给他们买一些关于猜字(crossword,好像美国人特别喜欢玩这个)或者数字游戏的书,布置些任务,但只需要一起设定完成时间,孩子具体什么时候做,让他们自己决定。

发起写作计划——人在什么时候最想写作?当然是业余生活富余,有记录欲望的时候。希望孩子锻炼写作能力的家长不妨在寒暑假让孩子试试。

我的建议: 首先,不要把写作看成很枯燥的东西,你可以和孩子一起写暑假日记,记录每天的喜怒哀乐或有趣的事情,还可以给亲友写信或者明信片。当然,让孩子尝试写一本家庭菜谱,记录每天一起做的菜,包括制作过程和需要的配料等,这也是个不错的主意。

控制屏幕时间——很多电脑游戏或手机应用可以帮助孩子学习,但是要注意控制孩子面对屏幕的时间。

我的建议：和孩子约定好，每次看屏幕的时间不超过20分钟，并且注意房间的光线，不要太亮也不能太暗。再设置一个固定的时间，全家人都关掉手机、电脑、电视，一起玩玩桌面游戏，让孩子慢慢感受没有电子产品的生活也可以很快乐。

安排家庭阅读时间。

我的建议：每天至少预留15分钟的家庭阅读时间，设定每位家庭成员的"阅读马拉松"目标，父母一起陪着读，孩子会更受这种氛围的感染。还可以带着孩子一起去附近的图书馆或书店，既增长知识，也对孩子养成良好的读书习惯大有裨益！

假装异国旅行——没有那么多时间出国旅行？没关系，就算在家也能和孩子一起领略异国风情。

我的建议：我们也来"幼稚"一把，假装和孩子行走在世界每个角落，可以每周安排一个"国际夜"，每次都指定一个国家，和孩子一起做那个国家最有名的菜，学几句那个国家的语言，在地图上找到它，然后一起读一本关于这个国家的书，看看在那里的人们生活有什么不同。

让学习潜入旅行——如果假期有计划家庭旅行，无论是去动物园、儿童博物馆，还是历史古迹，都可以让学习悄悄地潜入旅行。

我的建议：旅行中有很多东西可以学，除了每个地方的风土人情外，我们还可以试着让孩子绘制旅行地图、写旅行日记、帮着大人记录行程、预定旅店、计算花费，甚至计算油耗（美国人的旅行大多数都是自驾）。

全家一起动起来——体育锻炼可谓是暑假最重要的活动，不仅可以让孩子强身健体，也能养成良好的健身习惯，爸爸妈妈和孩子一起动起来，让亲子关系在运动中更亲密。

我的建议：如果孩子平时不太喜欢运动，这时候也不一定让他参加球队或其他团体体育队，我们可以和孩子一起，每天做些可以全家人一起参加的运动，比如比赛跳绳、追逐游戏，或者跑步、登山等。

洋洋洒洒的六大计划和九条建议，中心思想说白了就是假期不要让孩子瞎玩瞎混，还是得注意学习。千万不要以为美国学校不重视孩子学习，只是相对于一味地学或者纯粹地玩，他们更提倡学和玩相结合。而这恰恰是一种最能让孩子接受的状态，需要我们每位家长心领神会，也付诸行动。

【逃逃说英语】之沟通

怎么跟同学们聊暑假

上学期逃逃说老师给他们班上的小朋友读了一本关于中国的书，其中提到了兵马俑和长城，他很得意地跟同学们说他暑假就要去这两个地方。重点词汇和句子有：I had a great summer vacation in China.（我在中国过了一个很棒的暑假）。

Terracotta Warriors 兵马俑，Forbidden City 故宫。

扫码听逃逃怎么说

小贴士：两周养成好习惯，"童子军"怎么做

逃逃新学期刚开始，带回来一本新的《童子军手册》，翻开第一章就是"Keep your body healthy（保持身体健康）"。"注意身体"看来是全世界人民共有的意识，的确是头等大事，而美国家长和孩子是将它落到非常细致的点上的。

其一，教孩子营养搭配的知识，让孩子知道什么食物更健康。

其二，要求孩子详细记录两周自己的生活作息，以帮助他养成好习惯。

我经常看到朋友圈里的父母们大半夜发状态，说孩子还在看电视，还在下棋或听故事，表示非常无奈。可是，如何让孩子养成健康的作息习惯呢？这个方法一定值得你一试。

写计划、列清单、做记录、用数据说话，这是很多美国孩子从小就被要求做的事。这种要求来源于学校，也来源于家长，所以更像是长期受到的影响和熏陶。

著名的生理学家巴甫洛夫说过："各种各样的习惯都是一种连锁条件反射系统。"要养成任何一种习惯就必须持之以恒，按一定的要求坚持着去做，从而使这种行为逐步形成条件反射，成为自觉遵循的行为。

让孩子做一份生活作息记录就是一个典型的案例，孩子良好习惯的养成，就从这些非常琐碎的生活小事开始。

天天洗澡，而且还要用肥皂或沐浴液——每次做记录；

饭前便后洗手——记录每天洗手的次数；

睡觉前、早饭后刷牙，每次吃完东西之后漱口——每次做记录；

每天喝6—8杯水——在记录表上画出每天喝了多少杯；

每天都需要户外活动，且一定得带上帽子和擦防晒霜——记录每天在户外活动的时间；

记录每天睡了多少个小时……

持续进行两周的生活作息记录，孩子不仅可以学会计划的量化执行，把抽象的目标变成实实在在可执行的点，也在记录的过程中加强对好习惯的记忆，习惯成自然。所谓的"播种行为，收获习惯"就是这么一回事。

不过，在这个过程中如果孩子本身不是特别熟悉这种记录模式的话，家长可以和孩子一起来记录，不妨做个全家作息记录，两周下来，相互比较、相互提醒，这也是很好的亲子活动！

Part 6

培养这些能力，
让孩子成为世界公民

从学前班开始培养孩子的领导力

用9句话培养孩子的坚毅品质

在美国，孩子的动手能力这样练

尊重个性，让孩子独立又自信

锻炼演讲能力，美国人从小就用这三招

小贴士：让孩子爱上表达的利器——talking chips

从学前班开始培养孩子的领导力

我们所在的学区有一所非常好的学校，叫Leadership Prep School（领导力预备学校），入学名额竞争很激烈，需要申请后抽签决定。逃逃连续参加了3年抽签都没被抽中，很遗憾上不了这所学校，所以关于领导力培养，就只能靠我们自己努力了。

3年时间里，我把这所学校里里外外了解了一个遍，发现它最大的特点就是在实施一个叫The Leader in Me（内在领导力）的教育项目。出于好奇，我非常想弄清楚The Leader in Me到底是什么，为什么这个项目能让学校如此受欢迎。

在搞懂The Leader in Me是什么之前，和很多宝爸宝妈一样，还有一个问题困扰着我：领导力（Leadership & Leader）跟我们家孩子到底有什么关系？

我们一个一个问题来说。

问题 1：领导力离孩子很远吗？

可能很多家长都会觉得，领导力是一个属于成人、属于职场的概念，孩子还太小，离谈领导力还有点远。其实不然，领导力包括领导自我和领导他人。前者强调的是自我控制能力以及对事物的应变能力，是后者的基础；一个缺乏自我领导能力的人，很难想象他能有效地领导他人。

正如很多事物都是由内及外地发生变化一样，孩子的成长也从自我开始。自孩子从幼儿时期在镜子里见到的第一个自我形象开始，他们就渐渐萌发了关于自我的意识和概念，从此开始不断地通过各个渠道了解自己，通过外界对自己的评价来调整自己，甚至孩子对世界的认知也是从自我认知开始的。也就是说，在孩子幼年阶段，他们成长最关键的环节就是管理自己，处理与自己的关系。

随着孩子年龄渐长，管理自己的能力会越来越重要，乃至成为一种优势显示出来，比如懂得管理自己的时间与事务，懂得对自己负责，懂得与人分享。而这些特质，将为孩子成年以后的领导力水平打下坚实的基础，孩子从小习得的领导力思维，将会在这个时期展示出来。能管理好自己的人，同样能很好地管理别人。

不仅如此，自我领导能力的养成，还能帮助孩子具备自我纠错的能力，帮助他们懂得换位思考，并在学习过程中变得更加高效。

所以，领导力的培养应该从小抓起，从成长期的自我领导开始。

问题 2：那么 The Leader in Me 到底是什么？

The Leader in Me，就是一个培养孩子"自我领导力"的教育项目，在国内人们习惯叫它"LIM 领导力教育"，是一套根据美国管理大师史蒂芬·柯维"高效能人士的 7 个习惯"理论所发展起来的一套完整的教育方式。说到高效能人士的 7 个习惯，有些宝爸宝妈可能开始有点熟悉了。因为自从 1989 年，柯维的《高效能人士的 7 个习惯》(*The 7 Habits of Highly Effective People*) 首次出版后，"7 个习惯"已被全球数亿人奉为做人处世的"黄金准则"，并被陆续引入中小学生教育，它也是政府、企业和军队的培训宝典。

2000年，一所遭逢发展困境的美国小学A.B. Combs Elementary School（A.B.库姆斯小学），决定将"7个习惯"引入校园实践，因此而发展出一套"好得令人难以置信"的教育方法——The Leader in Me。这套教育方法，不止于理念传递，更是结合儿童成长期的实际情况，发展成了一套完整的、具有实际教学意义的教育方式。

就在逃逃没能上的Leadership Prep School学校，到处可见The Leader in Me的教育理念宣传海报和张贴画。对于孩子来说，领导力并不意味着要去领导别人，也不是让孩子去组织协调工作，而是Leader in me，从自我领导的培养开始。

既然自我领导对孩子那么重要，那么The Leader in Me的核心内容是什么？这是本篇文章的重中之重，希望宝爸宝妈们能收藏起来，把这些核心内容应用于孩子的家庭教育当中。事实上，在我们家也正在这么做。

前面我们说过，The Leader in Me是根据"高效能人士的7个习惯"发展出来的，因此可以说，The Leader in Me中处于教学核心的"7个习惯"就是"高效能人士7个习惯"的幼阶版。

与此同时，这7个习惯之间还有它们的内在逻辑关联，从下往上依次排列。

树从根部开始生长，然后发芽，最后枝叶茂盛，The Leader in Me习惯的养成也一样，需要孩子循序渐进，从最基础的地方开始。

Sharpen The Saw/Balance Feels Best
不断更新，让生活多姿多彩

Synergize/Together Is Better
综合综效，团结力量大

Seek First To Understand Then To Be Understood
/Listen Before You Talk
理解别人然后寻求被理解，先倾听再开口

Think Win-win/Everyone Can Win
双赢思维，每个人都有收获

Put First Things First/Work First Then Play
要事第一，先工作后享受

Begin With The End In Mind/Have A Plan
以始为终，做事有计划

Be Proactive/You Are In Charge
积极主动，你的生活你做主

第一个习惯：积极主动，我的生活我做主。

俗话说，态度决定一切，对于小朋友来说也一样。积极的小朋友大多主动、乐观，并具有冒险精神，同时会在面临选择自己做决定。积极性影响着孩子的方方面面，是孩子与这个世界互动的内在动力，并且影响着孩子性格的塑造。

目前逃逃在这方面做得还不错。对于孩子积极主动性的培养，我建议宝爸宝妈们可以在日常生活中适当给孩子分配一些小任务，比如让孩子自己收拾书包，管理自己的玩具，准备自己第二天的衣服。同时还可以给孩子一些具挑战性的内容，比如主动跟陌生人说话，在课堂上积极发言。

第二个习惯：以终为始，做事有计划。

小朋友是感性的小精灵，他们做事三分钟热度的短剧天天都在上演。做计划对小朋友来说是一堂非常重要的必修课，不仅可以锻炼他持之以恒的毅力，也能帮助他从小养成高效的行为习惯。

有些宝妈说，孩子挺喜欢看书，但往往很多书看到一半就不了了之了，因为觉得看书太累，还是看动画片来得轻松。发生类似这种情况时，家长就可以和孩子做一个读书计划，列出每天读多少，什么时候读完等，设定好目标和自我监督机制，慢慢就可以养成他们做事有始有终的习惯。同样的，日常学习生活也可以引导孩子自己去制订一个清晰的计划。

第三个习惯：要事第一，先工作后享受。

这是从第二个习惯里延伸过来的，也就是说，既然要做计划，那就得思考计划该怎么做，而且一旦事情有变化了，该怎么做取舍？

建议宝爸宝妈们可以让孩子自己安排一次周末的活动时间，计划这个周末要干些什么，是去游乐场，还是练钢琴，或者在家玩游戏？家庭作业什么时候做？没看完的书什么时候看？事情那么多，哪些是一定要做的呢？怎么安排顺序最好？

通过这样的练习，让他慢慢懂得"要事第一"的原则，顺便可以和孩子聊聊先把重要的事做完的好处——可以安安心心地玩啦！

第四个习惯：双赢思维，每个人都有收获。

关于双赢思维，要想让孩子明白，首先得让孩子知道很多事情不能只考虑自己，得让每个人都有收获。

逃逃的小表妹妞妞很喜欢吃石榴，但是她自己又没办法将石榴剥开。有一次，她让正在忙着给她收拾毛绒玩具的妈妈帮她剥石榴，可是，妈妈对妞妞说："你看，我没有空呢。"妞妞很聪明，马上回答说："妈妈你帮我剥石榴，我来收拾玩具吧。"如果你家孩子也像妞妞一样冒出双赢的想法和建议，那一定得大力支持和鼓励！

第五个习惯：理解别人然后寻求被理解，先倾听再开口。

孩子都有一个通病，没有得到满足的时候，从来不听别人说什么，在他们眼里，自己的需要才是头等大事。

逃逃有时候也会有这样的毛病，甚至有时候他会怀疑是不是妈妈和爸爸不爱他了，这点小要求都不能答应。我们就和他玩"跟爸爸妈妈对换角色"的游戏，故事设置各种极端情境，让他理解到做爸爸妈妈时的担心和忧虑。效果还不错，大家也可以试试。

第六个习惯：统合综效，团结力量大。

我们家有一个小传统：一起行动十五分钟计划，就是每天吃完晚饭，我们和逃逃一起收拾桌子并将碗碟清洗干净。

这招是跟周围的美国家庭学的，让孩子力所能及地分担力一些家务是一项特别好的亲子互动活动，能让孩子体会到团队合作的力量，也能培养他良好的沟通能力。

第七个习惯：不断更新，让生活多姿多彩。

意思就是说让孩子懂得管理自己的生活，要劳逸结合，适当地增加生活小乐趣，比如听听音乐，跟爸爸妈妈做一些户外锻炼。

以上7个小习惯，都是围绕怎么让孩子有效管理自己展开的，能有效训练他们的自我领导力。

举一个我们常见的例子。假设豆豆周末在家，无事可做，感觉特别无聊。豆豆去找妈妈，妈妈正在忙着煲汤，显然没有时间陪他玩。然后豆豆去找爸爸，爸爸正在津津有味地看球赛，豆豆对球赛不感兴趣，更加觉得没有意思。最后豆豆想起了狗狗，可是狗狗在角落里睡大觉，根本不理豆豆。豆豆很失落。

　　如果豆豆学习了这7个小习惯，懂得自我领导，那也许他就会有不一样的周末。比如第一个习惯，会让豆豆积极起来，自己安排自己的时间，去做有趣的事情，比如看书；有第六个习惯，豆豆就会帮妈妈做一些力所能及的事，让妈妈能更快完成家务然后陪他；最后，豆豆也不会把自己的情绪归结于别人，因为第五个习惯会让豆豆要学会理解。

【逃逃说英语】之性格习惯

进度总赶不上计划

逃逃有时的家庭作业是做project,通常是这周发下作业要求,过几周才需要交,所以做好计划和进度控制都很重要。

今天我们就来说说和进度相关的句子:behind schedule(进度比计划慢)。

We are running a little behind schedule.(我们的进度比计划中慢了一点。)

The project is much tougher than I expected and I'm running way behind schedule.(这个项目比我预计的难很多,我的进度比计划中的要慢很多。)

He finally finished that up on time after being behind schedule most of the time.(他最终还是完成了这个项目,尽管大多数时间都比计划中要慢。)

扫码听逃逃怎么说

用9句话培养孩子的坚毅品质

"成长型思维"（growth mindset）是相对"固定型思维"而言的一种心智模式，被公认为近几十年来最有影响的心理学研究之一。

"成长型思维"对孩子非常重要，通常拥有"成长型思维"的孩子做事不易放弃，更能从过程中享受到乐趣，也懂得寻求帮助；他们的复原力更强，也就是更加坚毅；他们会更在意自己从一件事中是否真正学到了东西，而不仅仅是能否通过考试。

近几年来，这个概念风靡了整个美国教育界，几乎每个学校在日常教学中都用各种方式融入"成长型思维"这一心智模式。非常有趣的是，大多数学校都不约而同地会在最显眼的地方张贴一幅anchor chart（要点图）。

我仔细观察后发现，这些承担教学内容的海报，虽然样式各异，但内容的主题几乎都一样，那就是：Change Your word, Change your mindset（换个说法，换个思维），几乎都包含"成长型思维"中关于思维模式的"九个转变"。

关于"理解"换一种说法：

I don't understand.（我就是不懂。）

What am I missing？（我忽略了什么吗？）

就是告诉孩子转换思维：将"这对我来说太难了，根本没法理解"换为"只要把我漏掉的、忽略的找出来，肯定能搞明白"。

关于"放弃"换一种说法：

I give up.（我放弃了。）

I'll use some of the strategies I've learned.（我得试试我学过的别的方法。）

也就是告诉孩子转换思维：将"我的能力达不到，只有放弃了"换成"问题没有方法多，此路不通，换个方法就好了"。

关于"错误"换一种说法：

I made a mistake.（我犯错误了。）

Mistakes help me improve.（犯错能让我变得更好。）

也就是告诉孩子转换思维：将"我做错了，我很沮丧"换成"虽然这次错了，但以后我就知道这么做是错的，又get一招"！

关于"困难"换一种说法：

This is too hard.（这太难了。）

This may take some time and effort.（我可能需要更多的时间和精力。）

也就是告诉孩子转换思维：将"这太复杂了，我不可能完成"换成"只要花足够的时间和精力，一切皆有可能"。

关于"足够"换一种说法：

It's good enough.（已经挺好的了。）

Is this really my best work？（这真的是我的最好成绩吗？）

也就是告诉孩子转换思维：将"我做得足够好了，已经达到我的上限了"换成"没有最好只有更好，也许再努力一些，我就能再提高一点"。

关于"聪明"换一种说法：

I'll never be as smart as her.（我不可能像她一样聪明。）

I'm going to figure out what she does and try it.（她是怎么做的，我也要试试看。）

也就是告诉孩子转换思维：将"别人比我聪明，没办法了，我就是不如她"换成"只要学习她的方法，然后认真去做，我也有戏"。

关于"完美"换一种说法：

I can't make this any better.（我不能做得更好了。）

I can always improve. I'll keep trying！（我还能做得更好，我要继续试试！）

也就是告诉孩子转换思维：将"我的能力只能做这么多，这件事这样就足够完美了"换成"我还要看看这件事有什么可以完善的，只要不断尝试和努力，肯定还能再提高"。

关于"否定"换一种说法：

I can't read.（我阅读不太好。）

I'm going to train my brain in reading.（我要训练我的阅读能力。）

也就是告诉孩子转换思维：将"我没有阅读这根筋，我就是个书盲"换成"我只是训练不够而已，不如坚持练习一段时间看看"。

关于"能力"换一种说法：

I'm not good at this.（我不擅长这个。）

I'm on the right track.（我正在提高。）

也就是告诉孩子转换思维：将"我做不了这些"换成"我现在可能做不好，但没关系，慢慢往这个方向努力，我就会越来越擅长"。

常用正面的、积极的语言会影响我们的思维习惯，这就是播种一种习惯，收获一种性格。美国小学将类似这样的话张贴在教室和校园里，非常有仪式感地将之融入孩子们的日常生活中，为的就是时刻提醒所有同学，从把到嘴边的话换个说法开始，悄悄地培养自己的"成长型思维"，从而让自己拥有grit（坚毅）的品质。

各位爸爸妈妈也和孩子们来一起试试，当孩子在抱怨事情太难、自己能力不够、学不会、搞不懂、想要放弃时，提醒他，换一种说法！

【逃逃说英语】之性格习惯

怎么保证不让你失望？

I'll never let you down.（我永远都不会让你失望。）

You will take me to Kai's house, you won't let me down, will you?（你会把我送到凯凯家里，你不会让我失望的，对吧？）逃逃最喜欢去他的好朋友凯凯家里玩，所以故意这样激将爸爸。

I am trying very hard because I'll never let you down.（我很努力，因为我永远都不想让你失望。）

扫码听逃逃怎么说

在美国，孩子的动手能力这样练

虽然早就知道逃逃会给我准备母亲节礼物，但当他拿出来时，我还是惊呆了：一款设计精美的家庭游戏！逃逃亲自完成了整个游戏的构思、设计和制作，当然也少不了逃爸的协助。

这款游戏的规则和飞行棋很像，但比飞行棋增加了一个环节——如果玩家的棋子正好落到有颜色的位置上，就得抽取相应颜色的卡片，按照上面的说明回答某个问题或者做某件事情，非常好玩。

这些卡片上的问题设计，也很具家庭特色。有一些问题卡，写着：我们去过最南的地方是哪儿？下一个周末你最想做什么？有一些事件卡，写着：请讲一个故事；请给家人一个拥抱；请给大家弹一个小曲。

我们试玩了一盘，结果说唱弹跳各种小活动都出现了，一家人非常欢乐。逃逃说，以后还可以不断地增加一些更有意思的卡片，将游戏的扩展性都考虑到了，真心不错！

这份特别的母亲节礼物，我会一直珍藏，除了因礼物本身的纪念意义外，更有意义的是这是逃逃在这个岁数亲手制作的物品，也是对他成长的纪念。

这一年，逃逃的动手能力突飞猛进，比如现在他会定期收拾自己的卧室和游戏室，这样的变化主要来源于两个方面：

一是在学校的手工课。以前在国内上幼儿园，逃逃也会学做手工。特别是每个节日，我总能从他书包里翻出一些自制的小玩意。只是频率和规模远远不及在美国这边的学校；我甚至感觉学校就是一座手工坊，他在学校的时间至少一半以上都是花在涂画折贴等动手项目上。因此教室里也摆满了他们的手工作品，两三周就得更换一批。

二是在家里做家务。出国前，逃逃是和姥爷姥姥一起住的，家务基本全由老人一手包办。来到美国，我们家没了帮手，加上人工费贵，很多事情都得亲力亲为，小到清洁、割草、灭蚂蚁，大到刷漆、修车、搬家，我们边学边做的过程中也给逃逃树立了榜样。那次搬家，本来说好了把逃逃暂时寄住在他最要好的朋友家（平时都是盼着要去的），但他在最后一刻改变主意了，要和我们一起"作战"，结果还真的帮了我们不少忙——把门、送水，跑进跑出地给逃爸拿拆装家具的工具。

身教胜于言传，在美国的家庭里，孩子参与家务劳动是理所当然的事情，甚至法律也支持：父母可以正式雇佣七岁以上的孩子。其好处是父母可以省税，孩子可以挣零花钱，而这种强于动手的"能干"本领也能一代一代地传承下去。

当动手的兴趣和能力培养起来之后，逃逃有了明显的变化——自信。很多东西他都觉得可以自己制作。如果他在朋友家玩了什么好玩的桌面游戏，他想的并不是要求我们也去买一个，而是找材料和工具自己做一个，甚至会尝试改进一些细节。

就在送了我自制游戏当礼物的那个母亲节前，他还聪明地试探过，想弄清楚妈妈想要什么礼物——他找借口让我列举最喜欢的十样东西，结果被我猜到了他的小心思，于是我就故意开玩笑："……我最喜欢专心努力练琴的小男孩。"他也马上看穿了我的"诡计"："啊！我可做不出一个那样的机器人！"但过了一会儿，他又跑过来问我："妈妈，我们家有足够多的电池吗？"难道小家伙还真的雄心勃勃地思考过怎么做个机器人吗？

"百看不如一做"，除了观察、思考、听说读写，孩子还需要用他的触觉来认知、探索这个世界。在他真正要动手去制作某件东西的时候，他得更加全面地考虑问题：我想做个什么？做好了干什么用？需要什么材料、什么工具？先做什么再做什么？大概多长时间完成？他还会考虑如何寻求帮助。一个手工制作的过程，其实就是一个小小project的完成过程，有策划、设计、分工、实施、测试、发布……

看到逃逃的这份成长我很开心，也许这是更好的母亲节礼物。我会一直支持他做那个自信的"生活小能手"。

孩子的动手兴趣和能力需要引导，也需要保护。曾有朋友说："孩子需要在漫无目的中发现自我。"确实有一定的道理，如果孩子的时间都被安排得满满的，他哪有空停下来思考究竟想做什么，要做什么呢？所以，我想，作为家长，最好的支持可能是不让iPad和功课把孩子的生活填满，留给他足够的时间去探索世界，也留给自己足够的耐心等待他的成长。

【逃逃说英语】之性格习惯

日常对话：每天早上都需要做些什么

逃逃跟爸爸说开学之后他每天早上像打仗一样忙，来听听他都要做些什么？其实逃逃小朋友的生活作息还是很有规律的，每天闹铃一响就起来，把自己收拾妥当就坐在饭桌边上等早饭了。

I get up at 7:00 every morning.（我每天早上七点钟起床。）

put on my clothes（穿上衣服）

stretching pants（有弹性的运动裤子）

go to the bathroom（上洗手间）

brush my teeth（刷牙）

wash my face（洗脸）

have my breakfast（吃早餐）

get ready for school（准备好上学）

这就是逃逃早上的作息表，你家孩子是怎样的呢？

扫码听逃逃怎么说

尊重个性，让孩子独立又自信

前一阵子看到一个小视频，视频里展示的是一个一岁多的美国小孩从早到晚的生活，包括他自己穿衣、洗澡、午睡、喂狗、吃饭等，其中还有些高危动作，比如他爬进浴缸那一段我就看得提心吊胆。当然，视频本身有一些夸张成分，但不可否认的是，大多数美国小孩的确非常独立。

在我看来，这种独立源于他们的自信，被家长呵护出来的自信。

在培养孩子的自信上，很多中国父母，包括我自己做得可能都不够好。最近发生的一件事，让我意识到，美国父母对孩子自信的培养有多重视，甚至在我看来是有点"过于保护"。

那天逃逃去参加一个钢琴比赛，其实之前老师并没打算让他参加，因为他学琴才一年多，所以只打印了谱子让他练习一下。但逃逃很快就把谱子练会了，他想：反正自己都练会了，就问老师可不可以参加比赛吧？老师当时很犹豫，来征求我的意见。

我只傻愣愣地问了一下参赛费用和比赛地点，得知既不贵又不远，就说孩子想参加就让他去吧！后来我才知道比赛非常正规，也有一定的参赛门槛，它是专为有音乐天赋的孩子而设的，参加的孩子绝大多数学琴时间都有两三年以上。正式比赛前还有一次 try out（试赛）。到了try out那晚，我就知道：糟了，高手太多，贸然让逃逃参加有些草率了。果然逃逃也很受刺激，那晚回家后一直练琴不肯睡觉。我只好开导他说："参赛的很多小朋友三四岁就开始学琴了，你是快六岁才学的，而且他们在钢琴上花的时间也多，可能每天练习一个小时以上，但你还有很多别的事要做，每天只练习半个小时，他们弹得比你好很正常。睡觉吧，比赛该怎样就怎样！"

到正式比赛那天，逃逃跟我说："我就假装自己弹得很好就行了！"听起来似乎心态不错，但其实他是有压力的，如果完全不在意比赛结果，又为什么要装呢？当天逃逃发挥出了自己的最高水平，但也只得了第四名，刚好拿不到奖杯。前三名的孩子，弹得确实很好，得第一名的是一个女孩，她的妈妈是国际有名的钢琴家。

后来和朋友聊起此事，我被狠狠批评了一顿，她说我太傻了，事先都不做调查工作，这样很容易打击孩子自信心。然后她还给我讲道理、摆事实，说到她认识的一位美国妈妈，在给儿子报跆拳道比赛前做了很多调查工作，首先是确定比赛的级别以及每个小组有几个人，参赛的孩子都什么背景，如果自己的孩子不是十拿九稳能拿奖牌，根本就不让他去参加比赛。听到这些，我有点后悔，虽然不知道这种被呵护出来的"自信"管不管用，但我真正领会到了美国父母在培养孩子自信上的用心。

而不管怎样，我认为孩子的自信不该被打击。

那么，在东西方教育中，我们对孩子的自信教育到底差别在哪儿？

平等VS服从。常看美剧、英剧的朋友可能会注意到，剧中的妈妈和孩子说话时，总是会以"Do you think you……（你是不是觉得你……）"开头。例如：你是不是觉得该写作业了？你是不是觉得该做家务了？而中国家长对孩子最常说的一句话是"听话，赶紧去……"。这句"听话"很要命，父母将孩子看作所有物，这种心理无法让孩子从内心得到自信的力量。

低要求VS高标准。美国父母对孩子的要求普遍比较"低"，希望孩子成为一个健康快乐的人，一个能自食其力的人。因此他们更看重孩子当下的幸福，更愿意孩子有快乐的童年，所以孩子也更乐观自信。很多亚裔，尤其华人通常要求比较严格，有些还会给孩子定下那些他拼命跳都够不着的目标，孩子也会渐渐地习惯不自信。

独立个体VS父母延续。有心理学家说过，孩子的自信，是对自己作为一个人的价值的肯定，从根本上讲是来自父母无条件的爱。如果说大多数美国父母将孩子看为独立的、有价值的个体，尊重他们的个性，鼓励他们相信自己的话，那么中国父母虽然也是绝对爱孩子的，只是有时候我们的爱，会不经意间演变成将孩子看作自己生命的延续，希望孩子完成自己不能完成的理想，让孩子去做自己还没有做成或者非常擅长的事，阻碍了孩子肯定自我价值的途径。

尊重孩子的个性，就得让孩子按他的天性更自信地成长。

记得逃逃上一年级时，学校组织了一个合唱活动，老师事先发邮件给家长说，他们班负责演小黄鸭，最好能让孩子穿黄色的衣服，外加一个鸭子头饰。我看了邮件顿时傻眼了，只要黄色就可以？衣服长短、颜色深浅都没规定，万一和其他孩子的不一样多难看！逃逃却很淡定，他说随便找个黄色衣服，再自己手工做个鸭子头饰就好了。我半信半疑地和他开始准备，可到表演那天还是忐忑得不行。

等我和他一走进会场，结果悬着的心一下就落地了。这哪是什么小黄鸭班啊？孩子们的衣服、头饰五花八门，里面混着小黄鸡、小橙鸭，甚至还有小红狗，老师和同学们相互看着对方，笑得前翻后仰。

当时我的第一感觉是"太不严谨了吧"，本以为逃逃的服饰不合要求，居然比较起来还算不错。我的思绪很快被孩子们的欢乐带走了，隐隐地开始有点惋惜自己曾经"不堪回首"的童年……

我小时候参加学校演出活动，老师要求我们统一穿校服，正好那天我妈把我的校服洗了没干，我担心得要死，非要将湿着的衣服穿出去。妈妈不让，说要是感冒怎么办，于是找了一套和校服相像的白衬衣黑裙子给我换上，还安慰我说这一身比校服好看。结果，就因为我没穿校服，老师不让我上台表演了，想起来就觉得委屈，我可是跳得最好的。幸亏当时还有几位同学也没穿校服，和我一起无辜地待在教室，我才觉得稍微安慰了点。

两个故事，时间上差了将近30年，空间上也隔着半个地球，其实没太多可比性。我想现在的孩子，应该不会再遭遇我小时候的这种状况了，毕竟现在已经是个提倡要尊重个性的时代了。

看看我身边那些老外，都是敢于鼓励孩子的，明明孩子做的东西"很奇怪"，还一个劲地表扬孩子："So special, awesome！（真特别啊，太棒了！）"不过这样做的好处呢，就是帮助孩子树立自信，听到这种话，孩子一般都会洋洋得意地回一句："Yeah, I'm good at it.（是的，这个我很在行。）"

够自信的孩子就敢不一样，这种自信跟家长对他们的肯定有关，也跟孩子们从小受到的教育、阅读的书籍有关。

【逃逃说英语】之性格习惯

别闹了

今天我们来学另外一个knock off, 表示"别吵了，别闹啦"。比如: Can you knock it off ? (你能不能别吵了?)

We were playing tag in the library when the teacher came in and asked us to knock it off.(我们正在图书馆里玩tag游戏，这时老师进来让我们别吵了。)

扫码听逃逃怎么说

锻炼演讲能力，美国人从小就用这三招

2016年美国的总统大选很热闹，先是特朗普的几位儿女在共和党大会上出色的助选演讲狂吸了一批粉丝，接着是希拉里的女儿举重若轻地在民主党大会上介绍老妈出场，又是得到一片好评，再是奥巴马夫人米歇尔支持希拉里的演讲，激昂慷慨、气场十足，估计她那句"When they go low, we go high（当别人往道德低处走时，我们要继续向高处前行）"要流行一阵子了。

接连几周的好戏，与其说是总统竞选，不如说是一场演讲秀，就连我这种对政治从不感冒的人，也惹不住"追剧"。正因为演讲是最直接地体现个人魅力的一种方式，纵观整个美国社会，但凡在聚光灯下的人物，从历届总统到各公司CEO，从超人气的TED（指 Technology, Entertainment, Design 在英语中的缩写，即技术、娱乐、设计，是美国的一家私有非营利机构）演讲达人到各级中小学的学生会主席，演讲都是他们成功路上不可或缺的武器。

在美国的教育系统里，无论是公立还是私立学校，都非常重视学生演讲能力的培养。逃逃上学前班时经常开展Show and Tell（把玩具带到学校"秀"和"讲"给同学们听），现在经常要做Project Presentation（项目演讲分享），等到高年级后会有Debate（辩论）课程。

其实不仅是美国，放眼全球，能说会道都是能给自己人生加分的。国内很多家长也非常重视孩子演讲能力的培养，它几乎称得上成功者的"隐形翅膀"。我们要想培养具国际化竞争力的"世界公民"，那么就应从小给孩子足够的"演讲"训练。

在此，根据逃逃这些年实践过的美国课堂演讲课程，给家长们分享几种行之有效的方法。

Show and Tell（秀和讲）

这可能是美国小孩做得最早的"公众演讲"活动了。形式很简单，就是每天安排一位孩子带着他喜欢的一个玩具、一本书或者任何其他稀奇好玩的东西到班上给全体同学"秀"和"讲"。以玩具为例，逃逃曾经带上我们从国内带过来的九连环，先给同学"秀一下"这个玩具，再讲讲该怎么玩。听起来很简单对吧？不过为了让其行之有效，老师还提出一些规范性的要求，比如"4P"——就是"Prepared（准备）""Posture（姿势）""Projection（传递信息）""Polite（礼貌）"。具体来说，"Prepared"是要求孩子准备好一个可以"秀"的实物，孩子练习过，会尽力去做好；"Posture"是要求孩子注意仪态，看着听众，挺直站好；"Projection"是要求孩子的音量要让同学都能听到，要说慢一点、清晰一点，让大家能听清楚；"Polite"是要求孩子在别人开始 Show and Tell 的时候能安静认真地听。

对于天真无邪的孩子来说，五彩的图画比文字更会让他们感兴趣，所以我们可以将这4个要求用图画的方式写下来给孩子。当然，有要求那就要有对应的评分标准，每次 Show and Tell 活动后，我们可以用一个对应4P要求的表格来给孩子打分。看这个表格，孩子们就知道自己哪些方面做得好，哪些方面还需要提高了。

像这样的Show and Tell，家长完全可以在家里和孩子一起做，比如爸爸妈妈先示范，拿起孩子熟悉的绘本描绘里面的主要人物、故事、色彩、图案等，然后再把舞台交给孩子，鼓励他试一试。除了爸爸妈妈的参与，还可以把孩子的小伙伴们邀请到家里一起玩这个游戏。当然，评价标准可以有所不同，甚至可以针对孩子的特点，设置一些小要求。

可能刚开始，孩子会有一些害羞，或者表达得不够清楚准确。这时候，耐心等孩子说出来，微笑看着他，给他一点时间去组织语言。我们应多说"Yes"——"没关系，爸爸妈妈等你说。"特别是如果遇到孩子"卡壳"了，结结巴巴不知道说什么的时候，不能马上接过话："不对，应该是……"这样可能会打击孩子的积极性哦！

Interview（小采访）

这是一种互动式的"演说"，更侧重于培养孩子的沟通能力。如果说Show and Tell是让孩子从自己熟悉的事物入手，习惯开口表达，那么当孩子能够较流畅地开口表达后，就可以增加一些"难度"了，让孩子学着采访朋友，目的在于通过良好的沟通，得到更多的信息，更加了解别人的想法，也更明白听众想听到什么。这样在以后做演讲策划时，就更有针对性了。

孩子可以采访谁呢？

采访新朋友。在学年初，孩子们还没太相互了解时，老师会安排他们做这样的新朋友采访活动，每人会拿一张单子，按照上面列的问题来采访朋友，比如：全名是什么？最喜欢什么食物？课间活动最喜欢做什么？负责采访的孩子需要做一定的记录，然后再总结一下说给其他的小朋友听，为他们介绍这位刚认识的新朋友。

当然也可以采访"专家"。等小朋友们相互都非常熟悉之后，采访新朋友的游戏就没法玩了。那就可以变化一下形式，让孩子们两两配对，一个扮演专家，一个扮演采访者。比如逃逃说，他采访过班里吃汉堡的专家、搭积木的专家，还有吹泡泡的专家……总之五花八门。采访者一样要准备好问题，采访时做好记录，采访之后同样也要给其他小伙伴分享采访的内容。

这个游戏非常适合家长和孩子一起玩。随着孩子们的成长，他们脑袋里会有无数的问题冒出来，不是有很多爸爸妈妈吐槽"十万个问题"宝宝吗？那不如就给孩子们一个采访的机会，让他们大胆地向父母提问。

另外，我们带孩子出门的时候，当他们"奇奇怪怪"的小脑袋又突发奇想了，不如就让他随机来一场这样的采访游戏，让他去问售货员、服务员、讲解员自己想问的问题，这样不仅仅可以提高孩子的沟通和表达能力，还让他们学会了提问，也就是学会了思考。

这个过程中，家长应鼓励孩子做采访，不要回避孩子的提问。

因为采访更注重互动性，可以建议孩子在采访前把想问的问题整理出来，有准备地发问。碰到让父母难以回答的问题，可以使用缓兵之计，回头好好想想或者查阅一下相关资料再和孩子讨论。

用"5W"组织故事

在鼓励孩子开口多讲、让他们喜欢上交流和分享的阶段，通常我们不过多要求孩子讲话的条理性和逻辑性，但要让孩子上升到能做一场完整演讲的阶段，那么保持故事的逻辑性就很必要了。这时候，"5W" —— "who（谁）""what（什么）""where（哪儿）"" when（什么时间）""why（为什么）"就可以出场了。能讲得清楚，那肯定要先想清楚，其实这五个 W 就是帮助孩子理清思路的工具，它不正是在孩子头脑里长出的一幅思维导图吗？

在学校老师会用很多方法来提醒孩子注意这种逻辑思维，比如在教室墙上贴上大大的海报宣传语：演讲的幕后功力来自思维的缜密和如何清晰表达自己的观点，再加上良好的口才以及个人魅力……

演讲能力其实就跟语文、数学一样，通过学习、训练是可以被培养并提高的。爸爸妈妈在家里跟孩子互动时，可以把"5W"作为跟孩子玩演讲的一个基本要求。当孩子讲完后，爸爸妈妈可以提醒一下孩子忘了哪个"W"，让他想一想可以将对应的内容加在哪个部分。或者在自己为孩子读绘本、讲故事时，遇到跟"5W"相关内容，提醒孩子要强调一下，比如语调重一些、停顿一两秒，让孩子明白其的重要性。从开口说到有逻辑地说，对于学龄前的孩子来说，可谓是一个质的飞跃，所以不要吝惜赞美之词。当孩子会用时，要给他一个大大的赞。

当然一开始，并不必要面面俱到，"5W"有助于孩子形成有逻辑且完整的思维，但并不是要求孩子必须每一次讲都要5个全部出现。

以上就是从小培养孩子演讲能力的三个招数了，等孩子进入高年级，老师培养他们讲话的逻辑性时，还会同步配合写作、思维训练等项目来练习。

最后，多说几句为何美国人如此看重演讲。因为对孩子未来的人生来说，它是真的非常非常重要，演讲是最能直接展现自己能力的方式，优秀的演讲不但能提升影响力、带来自信，无论孩子是在学校面对老师、同学，还是走上社会面对公众，一场高水准的演讲总是能为他加分，而毫不夸张地说，演讲能力很大程度上影响着孩子未来的成长轨迹和职业发展。

很多人都曾分享说，工作后才知道会说会秀、能面对公众侃侃而谈的能力有多重要。其实很多跨国公司都不乏聪明绝顶的中国人，但往往很难走到高层，其中一个重要的原因就是缺乏自我表达或者是演讲的能力，这让我们吃了不少亏。

【逃逃说英语】之性格习惯

这句话，说得容易做着难啊

电影《疯狂动物城》里有一幕故事，狐狸和兔子去找树懒闪电办事的时候，兔子急得半死，而树懒闪电慢吞吞的，狐狸就跟兔子说："Hang in there！"

"hang in there"表示"挺住，坚持住"，比如逃逃和好朋友凯凯一起玩游戏时，凯凯说："The boss is so tough, I'm about to die！"（这个老怪太难打了，我就要死掉了！）逃逃就会说："Hang in there, I'm coming！"（坚持住，我就要来帮你了！）

再比如，逃逃觉得很饿，妈妈就会说："Hang in there, dinner is almost ready."（坚持住，晚饭马上就好。）

扫码听逃逃怎么说

小贴士：让孩子爱上表达的利器——talking chips

每个孩子都有自己的个性，或外向活泼或腼腆内敛，不过大多数美国孩子都有个共同特征，就是很open（开放）、能说会道。这种共同特征很大程度上都归功于他们在学校里获得的沟通表达能力方面的培养。比如小学一二年级，有些学校每周都会安排班级小演讲；有些还会定期举办有固定主题的小型演讲活动，而更多的情况是老师在课堂上穿插一些小游戏、小招数，帮助孩子们开口说话、爱上表达，talking chips（发言卡）就是其中一招。

其实talking chips是很常用的团队发言辅助工具，在我们家长日常的工作会议上也许会用到。游戏规则很简单，我总结了一下：

1. 先定一个话题，然后发给每个孩子两个talking chips。

2. 孩子们拿到talking chips后，先花一两分钟好好想想，自己主要想讲什么，先讲哪个再讲哪个，在心里先盘算一下，每人有两次发言机会。

3. 等孩子们思考完之后，指定一种颜色。

4. 拿到这种颜色talking chips的孩子需要把指定颜色的chip放在桌子中央，然后开始先发言（游戏中每个孩子拿到的talking chips的颜色都不相同）。

5. 接着可以按顺时针或逆时针方向大家轮流发言，当然也可以变着花样玩，比如进行抢说环节，但是每位孩子发言之前都必须先把手上的一个chip放在桌子中央，才能开始说话。

这看起来是不是很简单呢？但其实挺有用，在这个小游戏中，首先规定了发言次数，促使孩子们先认真思考和组织自己的语言；其次是游戏规则让发言机会公平，以免一些话痨喋喋不休，让其他孩子插不上话；最后，也是最重要的一点，就是把原本不喜欢表达的孩子也拉到这种氛围里，让他积极参与发言。

正如逃逃在关于这个主题的视频里说的，不仅可以和同学玩talking chips，还可以和爸爸妈妈，和朋友玩。大家不妨也试试看，用简单的小游戏帮助孩子渐渐爱上说话，做个社交小达人。

扫码听逃逃怎么说

后记：教育的“快”与“慢”

"教育"在古汉语中是"上施下效"的意思。东方传统教育理念比较注重的是 Learn What（学什么），强调知识本身以及知识量的多少与知识程度的深浅。

在这个过程中，孩子对知识积累的增长是非常快的，但这种"快"可能会让孩子没有功夫停下来思考为什么要学习、这些学习在生活中将怎样应用。也正因此，孩子们比较难在学习中获得欢乐，孩子们和知识产生的关联也相对薄弱。

而英语里的"教育"——Education，是源于拉丁文的"E-Ducere"，本意是"Lead Out"或"Bring Out"（带出，激发出）。古希腊哲学家苏格拉底认为，教育的本质就是挖掘激发孩子本身的能力，知识的获得是一个由内而外的探索发现过程，而不是将知识"搬运进"孩子的大脑中去。所以，西方教育更侧重于回答 Why 和 How（为什么学，怎么学），让孩子理解知识的学习是为了什么，有什么用，并教给他们思考和解决问题的方法。

这个过程一开始可能会慢一些，但胜在后来的厚积薄发。在这点上，美国教育是有很多值得我们借鉴的地方的。

2014年1月1日，我在"东西儿童教育"微信公众号平台推送了第一篇文章，在那之后，一直不间断地记录着逃逃所经历的美国学习生活、我的所见所闻和所思所想，从一个妈妈和教育分享着的视角去观察和思考东西方教育的不同和大同。

谢谢每一位关注和支持我的读者朋友，随着逃逃在美国的成长，我将会给大家带来更多的美国教育实践方法。

杨瑜君

2016年11月27日于美国